Sonya Cruz
01-24-01

D1790642

Tiempo de México

Tiempo de México

A Los Pinos
Recuento autobiográfico y político

En primera persona

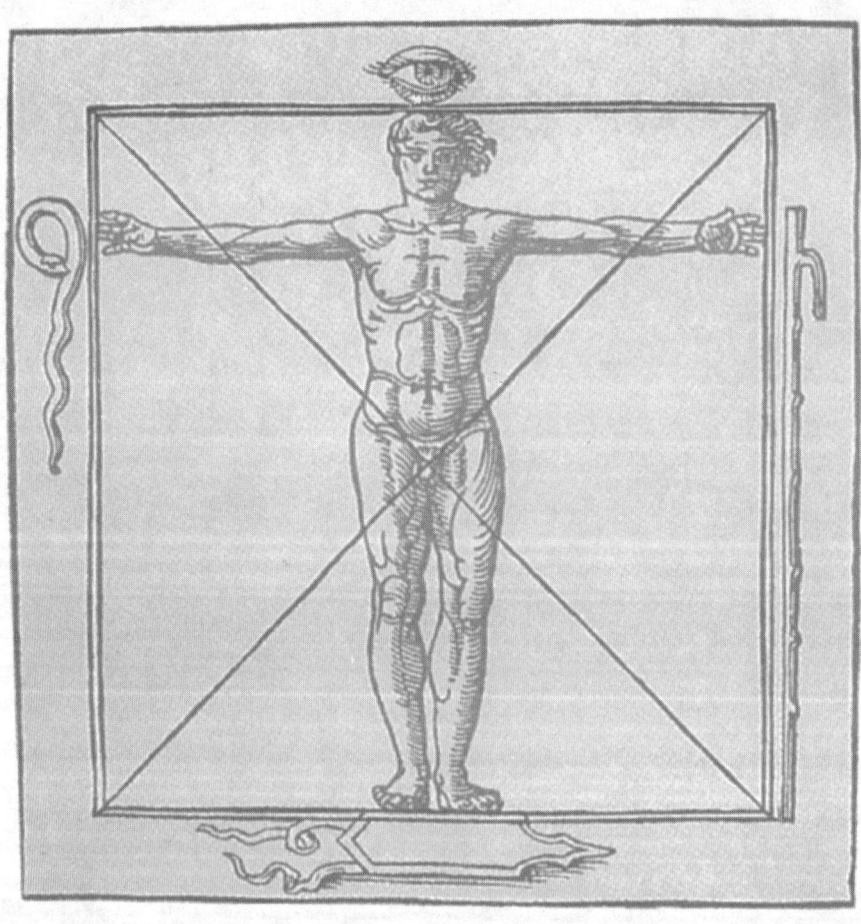

A Los Pinos
Recuento autobiográfico y político

Vicente Fox

OCEANO

EDITOR: Rogelio Carvajal Dávila

A LOS PINOS
Recuento autobiográfico y político

© 1999, Vicente Fox Quesada

D.R. © EDITORIAL OCEANO DE MÉXICO, S.A. de C.V.
   Eugenio Sue 59, Colonia Chapultepec Polanco
   Miguel Hidalgo, Código Postal 11560, México, D.F.
   ☎ 5282 0082 5282 1944

QUINTA REIMPRESIÓN

ISBN 970-651-315-9

Quedan rigurosamente prohibidas, sin la autorización
escrita del editor, bajo las sanciones establecidas en las leyes,
la reproducción parcial o total de esta obra por cualquier medio
o procedimiento, comprendidos la reprografía y el tratamiento
informático, y la distribución de ejemplares de ella mediante
alquiler o préstamo público.

IMPRESO EN MÉXICO / PRINTED IN MEXICO

ÍNDICE

Nota editorial, 11

Antes que nada, 13
"¡Órale, a trabajar!": San Cristóbal, 15
"No le saques Fox": a la arena política, 57
"Ahora sí": el regreso a la política, 83
"El sacrosanto patrón de Los Pinos":
    grandes mitos de la herencia revolucionaria, 117
"Peor que al inicio": un sexenio estéril, 149
"¡Saquemos al PRI de Los Pinos!": la carrera hacia el 2000, 177
Los desafíos de México, 201
Anexo. *Texto del discurso pronunciado por VF el 10 de junio de 1999,
    con motivo de su registro como candidato a la Presidencia*, 215

Índice de nombres, 219

NOTA EDITORIAL

Alguna vez Octavio Paz dijo que había que darle transparencia a las palabras; y José Emilio Pacheco, en un poema célebre, recalca la importancia de los poemas de amor frente a los discursos demagógicos e hipócritas de los políticos.

Aunque de índole diferente, este libro es la verdad de Vicente Fox; no trata de adornarse, ni de presentarse como el redentor del pueblo oprimido, ni intenta ser el portavoz de los desheredados y los marginados, ni el hombre que ha de sacrificarse en bien de los desposeídos.

Sin artilugios, sin dobleces, sin hipocresías, Fox habla de su vida, de sus recuerdos más recurrentes, del cambio en su vida, que antes estaba satisfecha con sus muchos logros profesionales, hasta que, en un año significativo para el país, encontró con que el hombre ya no podía, ya no debía dejar en otras manos el destino del país, y se transformó en uno de los políticos más representativos de los últimos años.

Fox no es un político típico: su vestimenta, su lenguaje sin ataduras, su comportamiento campirano, hacen que él, solo, constituya un reto para el poder establecido, y junto con su amigo-rival Porfirio Muñoz Ledo, sea la incomodidad más angustiosa para el régimen actual.

En estas páginas está la historia de Vicente Fox; pero no la superficial, no la que gustaría a sus enemigos porque retrataría sus esencias menos importantes aunque más pintorescas; está, sin contar intimidades, su parte más íntima: sus pensamientos acerca de todo, de la vida, de la educación, del amor (en todos los sentidos), de las ambiciones, de sus anhelos, tanto personales como nacionales.

También con sus propias palabras, cómo se convirtió en el personaje más incómodo porque no podían callarlo; cómo fue el enemigo personal de Carlos Salinas de Gortari; cómo hace temblar a la gente que se topa con él, porque no se detiene ante nada ni nadie (de las más altas investiduras) para decir lo que debe decir.

Pero, sobre todo, se encuentran aquí las palabras con las que expresa su amor al país; no recurre a las mentiras, no se desgarra el alma, no proclama la muerte antes que la duda ante ese amor; sin embargo, su preocupación por los desvalidos, por los niños, por las mujeres explotadas o tratadas con injusticia, ponen a la vista del lector, incluso sin que el mismo Fox lo haya pretendido, lo que significa para él el futuro del país, y cómo está dispuesto a poner toda su capacidad de trabajo, que ha demostrado que es casi ilimitada, al servicio de todos los mexicanos que estén también dispuestos a trabajar como él.

Más que planes políticos, lo que se revela en las palabras de Fox son planes de trabajo para beneficio de todos, para hacer despertar las ansias de superación en los mexicanos, adormilados desde hace tiempo por las palabras demagógicas, populistas, llenas de falsos nacionalismos, de los políticos que desde hace setenta años han engañado al pueblo. Y son planes de trabajo no para esta campaña, sino para los próximos treinta años, por lo menos.

Éste no es un ideario: es un retrato hablado de Vicente Fox, el panista más heterodoxo de los últimos años, y uno de los políticos más significativos de los últimos tiempos.

Antes que nada

Cada uno de nosotros viene a este mundo a trascender, a dejar huella, aportando su grano de arena para hacer de esta tierra un lugar para ser felices.

Yo tuve la gran fortuna de nacer en un ambiente privilegiado. En el rancho, San Cristóbal, no tuve penurias económicas; pero percibí muy de cerca una muestra de la triste situación en la que se encuentran millones de mexicanos, y esto fue moldeando mi carácter y preparando el terreno para encontrar dónde aportar mi grano de arena.

En el rancho conviví con los demás chiquillos, hijos de ejidatarios, y compartí juegos y travesuras; ahí conocí de cerca el mal de la pobreza, uno de los que podemos evitar con voluntad y compromiso. Entonces también supe aquilatar la lealtad de la gente común, y pude vislumbrar el gran potencial que tiene México para ser un país triunfador.

Mi vida ha sido un reto continuo, como estudiante, como profesional, como político y como padre, pero, afortunadamente, siempre he tenido las habilidades suficientes para aprovechar las oportunidades que se me han presentado, y he encontrado personas que me inspiraron. Gente como el Maquío, o figuras como Manuel Gómez Morin y Francisco I. Madero, o como ese ejército de mujeres y hombres que todos los días se levantan a librar la batalla contra las condiciones adversas.

Un día Manuel Clouthier me propuso que dejara la comodidad de mi vida en el rancho y que enfrentara al sistema con todo lo que tenía para dar. Fue entonces que me lancé a esta sublime aventura hace ya casi trece años, y que debe tener buenos resultados para todo México.

Ya han sido setenta años de lo mismo, setenta años del PRI. Ahora tengo un reto personal y quiero compartirlo con ustedes: comenzar el próximo siglo con un México exitoso. Considero que esto es posible, y que sólo tenemos que aportar cada quien el esfuerzo que nos corresponde. Demostremos que este sueño es posible y es necesario. Los mexicanos sabemos que podemos y debemos terminar con la pobreza, la marginación y la falta de oportunidades, que han hecho que nuestro país sea el gran perdedor del siglo XX.

Después del año 2000, lo que haga Vicente Fox será importante sólo para Vicente Fox. Lo que hagan los mexicanos, eso será lo verdaderamente trascendente para nuestro país y el futuro de nuestros chiquillos.

En este libro busco ofrecer un panorama de lo que es Vicente Fox como hombre, como ser humano y como mexicano. En estas páginas el lector encontrará las razones que me impulsaron a aportar mi grano de arena, y con ello espero que sirva de acicate para que cada quien cumpla con lo que le corresponde a favor de México y sus hijos.

Yo estoy conforme con lo que he logrado hasta ahora, pero aún no satisfecho. Este libro es un grito de ayuda para que cada mexicana y cada mexicano se una a la gran cruzada de hacer de nuestro país un gran protagonista del próximo siglo.

"¡Órale, a trabajar!":
San Cristóbal

Soy un hombre de campo, como lo ha sido toda mi familia a lo largo de cuatro generaciones. Mis orígenes son como los de muchas familias en México, producto de la unión de culturas y formas de pensar distintas pero enraizadas en esta tierra. La familia de mi abuelo paterno, descendiente de irlandeses, se instaló en México por el año de 1913, en plena efervescencia revolucionaria y compró su rancho en Guanajuato; mi padre, José Luis Fox Pont, creció entonces amando al campo y así se lo transmitió a sus hijos.

Quizá la parte de mi familia más conocida por la opinión pública sea mi madre, española de nacimiento pero más mexicana que el chile. Esta condición ha servido para que algunos de mis adversarios políticos me acusen de gachupín o pretendan impedirme alcanzar la presidencia de la República.

En realidad fue circunstancial que mi madre, Mercedes Quesada, naciera en España y no en México como sus hermanos mayores. Muy joven, mi abuelo decidió abandonar su casa en la provincia de Asturias y trasladarse a México, específicamente a Puebla de los Ángeles. Encomendado a un señor Díaz Rubín, un español de buena posición dedicado al comercio de abarrotes al mayoreo, se encargaba él de barrer la tienda y atender a la clientela, y por la noche dormía en el mostrador; hasta que pudo independizarse.

Ya con más dinero en sus bolsillos, mi abuelo comenzó a hacer viajes periódicos a España y en una de esas tantas visitas conoció a mi abuela. Decidieron radicar en Puebla, en donde nacieron mis tíos y donde hubiera nacido mi madre de no haber estallado la Revolución. Ante lo convulsionado del país mi abuelo consideró que lo mejor era que mi abuela y mi tía Luisi, su hija menor, regresaran a España.

Durante el trayecto a Veracruz el tren fue detenido por los contingentes de Francisco Villa y por un segundo mi abuela pensó que no volvería a ver a mi abuelo, pero para su fortuna los dejaron continuar su viaje. Durante la lucha armada, mi abuelo iba y venía de México a España, de tal manera que sus hijos menores nacieron en el pueblo de San Sebastián, en el país vasco.

A pesar de la situación del país, mi abuelo nunca quiso regresar a España: tomó la decisión de vivir en México pues la mayor parte de sus siete hijos había nacido aquí. Además, todo lo que tenía y era se lo debía a este país. Las visitas a España fueron cada vez más esporádicas hasta que desaparecieron. Mi madre suele contarme que, a diferencia de otros extranjeros, que nunca olvidan sus orígenes y añoran regresar a su terruño, mi abuelo se sentía muy a gusto aquí.

Mi madre llegó a México a los cinco años de edad, directamente al Distrito Federal en donde la familia Quesada Echaide decidió instalarse. Asistió al Sagrado Corazón, colegio de monjas de la Congregación del Verbo Encarnado, y posteriormente ingresó al Colegio Maddox. En esta escuela conoció a las que con los años se convertirían en sus cuñadas: Martha Fox trabajaba como maestra, mientras que mi tía Ana fue su compañera y amiga. Mi madre y mi tía solían acompañar a mi padre durante las visitas que hacía a sus novias, y en una de las tantas vueltas a León, los que serían mis padres decidieron hacerse novios y, a los tres meses, casarse —mi tía Ana se casaría a la vez con Vicente, el hermano de mi madre.

Los primeros años de casados fueron una dura prueba para mi madre, una muchacha capitalina que nunca imaginó cómo sería la vida en un rancho. Para trasladarse de la pequeña localidad de San Cristóbal a León era necesario atravesar una brecha de, por lo menos, 18 kilómetros, que regularmente se inundaba y en la que siempre se atoraban las trocas o los tractores. Pero si algo caracteriza a los vascos es su terquedad. En una de las contadas ocasiones en que podía hablar con mi abuela por teléfono y externaba cualquier queja, ésta le contestaba simple y llanamente "tú te lo buscaste, tú lo quisiste y tú te quedas".

Algo que siempre nos llamó la atención fue que durante toda su vida de casados, mi madre nunca se dirigió a mi padre por su nombre, sino como "señor Fox". Mi padre fue un hombre muy alegre que vivió intensamente su vida, pero sobre todo era un madrugador empedernido, no importaba a qué horas hubiera terminado la fiesta: a las seis de la mañana, previo Alka-Seltzer, ya estaba de pie trabajando. Así educó a sus hijos varones, con una rigidez que contrastaba con el cariño que le prodigaba a mis hermanas.

Nací el 2 de julio de 1942, fui el segundo de una familia de nueve hermanos. Aunque vi la primera luz en la ciudad de México, a los tres días de nacido ya estaba instalado en el rancho. No era fácil acostumbrarte a la distancia que existía con León y, quizá por lo mismo, pocas veces visitábamos la ciudad. Llegar a la escuela era toda una odisea y en ocasiones la misión de depositarnos sanos y salvos se le encomendaba a José Ángel, el lechero, y no dudo que más de uno haya pensado que se trataba de mi padre. Mis hermanas, de plano, vivieron medio internas en León para evitar los riesgos del traslado. Algo de lo que más me enorgullece de mi vida en el rancho, es haber convivido y haber sido buen amigo de los hijos de los ejidatarios y de los campesinos; con ellos compartí mi infancia, los juguetes, la casa y la comida. Por las tardes todos los chiquillos del lugar nos reuníamos para inventar cualquier cosa. En los días de lluvia nuestra diversión consistía en pisar los charcos para salpicar al otro y ensuciarnos los zapatos, para quienes como yo teníamos la fortuna de tenerlos, porque varios de mis compañeros de juegos sólo llegaban a huaraches y otros, ni siquiera a eso. Ya desde entonces, en mi pequeño mundo comenzaba a quedar grabada la desigualdad lacerante. No podía faltar el juego de canicas y el tirarle a los pájaros con la resortera; éramos como una familia. Pero la mejor parte del día era el regreso a casa, donde mi madre nos esperaba con una buena taza de chocolate y una pieza de pan dulce para la merienda.

Cuando José, mi hermano mayor, y yo ingresamos a primero de primaria en el Colegio La Salle nos veían como bichos raros, no sólo por la manera en que hablábamos sino por como nos vestían. Hasta los 10 años de edad, mi madre nos trajo de pantalón corto y por lo mismo tuvimos muchas veces que enfrentarnos a golpes con otros niños. Por aquellos años muy pocos vivían en el campo, sin teléfono y sin luz eléctrica.

Permanecimos en La Salle hasta quinto de primaria y de ahí brincamos al Instituto Lux, de padres jesuitas, en 1954. Aunque José es mayor que yo siempre estudiamos juntos, por lo mismo de la distancia, hasta las primeras comuniones las organizaba mi madre por tandas, para matar varios pájaros de un mismo tiro. De chiquillos José y yo fuimos muy unidos, y ya de adulto me acerqué más con Cristóbal, que me sigue en edad.

Cuando nos cambiamos al Lux yo era el chiquillo del grupo y, aunque me llevaba bien con todos los compañeros, solía ser muy callado. Los sacerdotes jesuitas siempre estuvieron presentes en nuestra vida ya que el primer cura que conoció mi madre en México, y que más tarde se convertiría en su confesor y consejero, era precisamente jesuita. La de nosotros fue una educación netamente religiosa, pero nunca fuimos mochos. La religión en México, como en muchos otros países del mundo, desempeña un papel fundamental en la vida de la sociedad. Cuando uno aborda el tema de las iglesias, sea la católica, la protestante, la judía o cualquier otra, siempre levanta chispas. Estoy firmemente convencido de que su papel no debe limitarse únicamente a "cultivar el espíritu", sino que deben promover la participación activa de la sociedad en actividades comunitarias y colectivas, siempre respetando el marco legal.

El postulado de las iglesias no está peleado con la labor de los gobiernos, de hecho deben ser complementarios, los dos deben trabajar por el desarrollo integral de la sociedad. En estos tiempos hay factores que no sólo atañen al gobierno. Algunos problemas sociales, como el narcotráfico y el lavado de dinero, no sólo afectan a los aspectos materiales de una sociedad, también afectan aspectos éticos y morales. Considero que hoy, más que nunca, Estado e Iglesia deben buscar la coordinación de sus actividades, para aspirar a consolidar sociedades fuertes tanto en lo material como en lo espiritual.

El Instituto Lux era de las pocas escuelas de la zona y aunque asistían los niños "bien", no era un colegio elitista. Desde que tengo memoria, el Lux cuenta con un sistema de becas que cubre hasta 33% del alumnado y otro tanto acude a la escuela vespertina. Hoy día el Lux debe de contar con más de mil ochocientos estudiantes que, con sus colegiaturas, cubren la mayor parte de la educación de por lo menos otros mil quinientos alumnos, que acuden pagando una cifra simbólica.

El corazón de la filosofía ignaciana radica en comprender que sólo se alcanza la realización personal sirviendo a los demás. La congregación se propuso la tarea de formar hombres y mujeres capaces de transformar la realidad y servir a los demás, filosofía que dejó una profunda huella en mi vida adulta y me llevaría después a trabajar para crear fuentes de empleo y oportunidades.

Aunque nuestro mundo giraba en torno al rancho, también nos dábamos nuestras escapaditas a la capital para visitar a los primos. A los 12 años visité por primera vez el Bosque de Chapultepec, y como andábamos en bola nos envalentonamos para cometer una que otra travesura. Los primos, José y yo, rentamos una lancha para llegar al islote a la mitad del lago que servía de reserva ecológica de patos; sin medir las consecuencias nos robamos varios huevos pero, para nuestra mala fortuna, nos cachó el guardabosques. No sólo nos encerró en una especie de "cárcel" que tenía, sino que además llamó a mi padre. Como castigo nos dejó ahí toda la noche y al día siguiente tuvimos que rentar otra lancha —gastándonos los últimos pesos que nos quedaban— para regresar los huevos. Nunca lo volví a hacer.

También en la época del Instituto Lux, allá por 1955, nos hicimos muy buenos amigos de Fernando Vera, un muchacho que vivía con su abuelo en un hotel de su propiedad en León. La primera vez que se quedó a dormir en el rancho, no pude evitar jugarle una inocente bromita. En casa acostumbrábamos desayunar primero pan con mantequilla y mermelada y ya luego el plato fuerte.

—Oye Vicente, ¿es lo único que hay de almorzar aquí? —me preguntó cuando vio la canasta con el pan.

—Sí, y atácale duro porque se acaba —le contesté. El pobre se atasco de pan bimbo y café con leche; cuando llegó el desayuno por supuesto ya no tenía hambre.

Las idas y venidas al rancho significaron un cambio extraordinario para Fernando —acostumbrado a vivir en cuartos de hotel, el cambio lo relajó por completo—; sus visitas iniciaban a las seis de la tarde del viernes cuando salíamos de la escuela y se extendían durante todo el fin de semana. Sábado y domingo debíamos estar sentados en la mesa para desayunar a más tardar a las 6:30; nadábamos y jugábamos futbol hasta las 5 o 6 de la tarde cuando nos empezaba a dar hambre.

Ya adolescentes, mi padre acostumbraba mandarnos a los tres a ayudar a los peones cuando era tiempo de cosecha o siembra, pero Fernando y José preferían sentarse a fumar o beber un refresco debajo de un mezquite. Como a mí siempre me llamó la atención el trabajo, dedicaba horas enteras a andar detrás del tractor cargando costales.

Pero en la juventud todos somos muy atrabancados y fumar a escondidas era una prueba de "madurez", lo que le repateaba a don José; y para nuestra mala suerte, era capaz de distinguir el olor a cigarro a un kilómetro de distancia.

En la escuela secundaria la mayor travesura a la que podías aspirar en una escuela como el Lux, era irte de pinta aprovechando los 45 minutos de recreo; solíamos hacerlo por lo menos tres veces por semana. Pero cuidado si te agarraban. El Lux tenía un director que, como castigo, nos dejaba a la mitad del patio media hora, en pleno solazo.

Siempre que nos íbamos de farra —no importaba que la hora a la que llegáramos fueran las 3 o las 4 de la mañana—, a las 7 papá entraba a nuestro cuarto gritándonos "¡órale, a trabajar!". A algunos de nuestros compinches los ponía a sacar agua del pozo o a trabajar con el tractor. Al final de la cosecha de papa, normalmente mi padre nos regalaba la papa verde, que vendíamos a una empresa llamada Fécula de León, propiedad de unos japoneses. Mis cuates utilizaban aquel dinero para llevarles "gallo" a sus novias.

El trabajo también nos servía de pretexto para darnos algunas escapadas. Por aquellos años era muy difícil conseguir refacciones para la maquinaria en León o se tardaban siglos en llevártela. Cuando lo apremiaba la urgencia, mi padre mandaba a José a la frontera de Laredo para que consiguiera todo lo necesario. Aunque siempre dijo que fuera uno sólo, nos las arreglábamos para ir por lo menos cinco. Hacíamos unas maromas fenomenales para irnos a comprar ropa, irnos de paseo al río, hasta los mismos proveedores nos prestaban otro automóvil y sus hijos nos llevaban de paseo. Esto lo hacíamos por lo menos cada cinco o seis meses, cada que fuera necesaria una refacción o un pedido.

En el rancho la diversión era escuchar en el radio a Carlos Lacroix y su célebre "Cuidado, Margot", andar en calandrias o ir al cine los domingos, previa clasificación materna de la película. Pero sobre todo lo que nos llamaba la atención era ir de cacería. Cerca de San Cristóbal existe una presa que se llena hasta el tope en tiempo de aguas y dura así todo enero y febrero, lo que la convierte en un lugar ideal para cazar patos. Nos levantábamos a las cinco de la mañana, cargábamos la lancha a lomo y permanecíamos quietecitos en el agua hasta que atrapábamos alguno.

Nuestros padres eran muy viajeros y nos dejaban encargados con un señor de apellido Serrano, mejor conocido como el Fatigas, que rentaba unas cien hectáreas del rancho. Don Jesús, amigo de parrandas de don José se convirtió en un segundo padre para nosotros: casi todos los días nos llevaba al cine y hasta cubas nos servía para que nos fuéramos educando. Se casó bastante mayor, pero eso no fue impedimento para que los hermanos siguiéramos frecuentando su casa; cuando llovía nos quedábamos ahí.

Como cualquier adolescente hice mi servicio militar a los 18 años, pero como éramos tantos en el Lux los que debíamos hacerlo, mandaron a un teniente de apellido Guarro a que nos "entrenara". Marchábamos en los campos del Instituto y hasta participamos en el desfile del 16 de septiembre y en las acrobacias en motocicleta del 20 de noviembre de aquel año. Aunque el ambiente se prestaba a bromas, hacerlo te podía significar que retuvieran tu cartilla.

La toreada siempre me llamó la atención, aunque ni el cuerpo ni la complexión me ayudaron a llevar muy lejos esa afición. Con mis amigos Fernando Ochoa y Alonso Aragabriel (alias el Loco Alonso) nos íbamos en moto al rancho ganadero "Lo de Ávalos", propiedad de unos familiares, y ahí con bastante frecuencia nos prestaban algunas vaquillas para torearlas.

Aprendimos a manejar en el rancho y a veces mi padre nos soltaba un volkswagen nuevecito que había comprado. En una de esas salidas, iba con José, Fernando y su hermano Gerardo de regreso al rancho cuando empezó a llover.

—Qué curvas tan feas —nos dijo Fernando mientras trataba de controlar el volkswagen.

—Abusado, porque las demás están peor —fue lo único que me dio tiempo de contestarle; cuando me di cuenta ya nos habíamos volcado.

—No vayan a prender un cigarro, porque se está tirando la gasolina —nos advirtió Gerardo.

El coche quedó recostado del lado del conductor así que, como pudimos, salimos por la otra ventana. Entre los cuatro enderezamos el carro, y para mis adentros sólo pensaba en cómo le iba a explicar a mi padre que habíamos volcado su coche. Esperamos horas y horas en la orilla de la carretera a que pasara un alma; finalmente distinguimos a lo lejos un tractor, que se apiadó de nosotros y nos empujó hasta la gasolinera de la calzada.

Para eso de las novias los cuatro hermanos mayores fuimos malos y peor aún para el baile, considerando lo poco que salíamos. En las fiestas mi padre se dedicaba a pedirles a las muchachas que por favor nos sacaran a bailar. Yo nunca fui noviero, y cómo me casaron, sólo Dios lo sabe.

El lugar de reunión en León era la tienda Woolworth, a donde todo mundo iba a hacer sus compras, incluida, por supuesto, mi madre. Cuando mi cuñada Lucha, la esposa de José, se enteraba que estábamos ahí, les llamaba a todas sus amigas: "los Fox andan en la Woolworth"; ése era uno de los pocos momentos de "ligue" y había que aprovecharlo. Era tal la incomunicación en la que a veces quedábamos en el rancho, que Lucha asegura que pasó todo el noviazgo imaginando que mi hermano la quería, porque pasaban días y días sin saber de él.

El rancho ha sido y es el ancla de nuestra familia. Todo aquel primo que no estudiaba, se portaba mal o tenía problemas con sus padres era enviado al rancho a trabajar, como si fuera una especie de correccional. Pero por el rancho también pasó Luis Amuchástegui, un gran jugador del club Atlante. Compramos su carta al Club San Luis Potosí para que se integrara al Club León; por las mañanas jugaba futbol y en las tardes trabajaba en el rancho; así duró dos años. El que realmente asumió tal responsabilidad fue José.

Del rancho se desprendieron los demás negocios familiares, en los que participamos exclusivamente los cinco hermanos. Una vez que mi padre nos dejó al frente de la administración, decidimos evolucionar de la producción exclusiva de granos, a las hortalizas, que demandaban mayor mano de obra. Nuestra primera meta era atacar al mercado de Guadalajara y al de la ciudad de México, pero poco a poco logramos traspasar la frontera norte. Hoy día manejamos dos líneas de producción: una de exportación especializada en brócoli, coliflor y chícharo y otra para consumo nacional de papas. Actualmente cerca de cincuenta por ciento de la producción se envía al extranjero, y de esa línea de producción nació Congelados Don José, una sociedad de producción rural encargada de la transformación y empaque de los productos.

Botas Fox nació de la inquietud de la familia por capacitar a los habitantes de la zona para que consiguieran un trabajo en la ciudad y, por ende, mejores salarios, ya que por aquellos años había demasiadas personas en el campo sin ninguna oportunidad de sobrevivir. José se encargó de conseguir un banquito de acabado y a un maestro zapatero para que enseñara el oficio a la gente, y a cambio recibían el salario mínimo. Pero, curiosamente, nadie abandonaba San Cristóbal, aun cuando recibían capacitación para emigrar a la ciudad. El taller fue creciendo y mi hermano Cristóbal fue el encargado de impulsarlo. Empezamos a trabajar zapatos de dama con distintos acabados, se involucró mi cuñada Lucha y llegó un momento en que tuvimos que mudar la fábrica a León para garantizar el abasto de insumos. Botas Fox no nació como parte de una estrategia de negocios, sino por la urgencia de crear más fuentes de trabajo.

A través de estas empresas hemos logrado apoyar a mucha gente de la zona. Todas las muchachas que laboran en las áreas administrativas son del lugar, chicas que tenían por toda educación un sexto de primaria y a las que apoyamos para que ingresaran a escuelas técnicas por seis meses o máximo un año. Son personas que nunca abandonarán su tierra y que suplen su falta de preparación con la constancia y la disciplina. A lo largo de todos estos años, el rancho y las demás empresas emplean habitantes de por lo menos cincuenta kilómetros hacia el sur. José siempre ha estado anclado al rancho y a la producción primaria, aunque a raíz de mi primera incursión en la política se hizo cargo de Congelados Don José hasta mi regreso. Botas Fox creció de la mano de Cristóbal, aunque también yo estuve al frente de la dirección por espacio de cuatro años. Así, los tres mayores hemos estado al frente de las empresas de la familia, aunque los principales movimientos se dieron a causa de mis incursiones en el mundo de la política en 1988, 1991 y 1995. Hoy día, y como consecuencia lógica de que los hijos están creciendo, estamos trabajando en un proceso de separación, para que cada una de las empresas quede como una entidad independiente y nosotros podamos morir tranquilos.

Pero no todo ha sido trabajo. En León eran famosas las fiestas que hacía la familia Fox, principalmente en el Día de Acción de Gracias. Mi abuelo paterno creció en el estado de Ohio en Estados Unidos y aun al emigrar a México, mantuvo la costumbre de celebrar ese día y se la heredó a mi padre que hizo del Día de Gracias *su* día. El 6 de enero se lo dedicábamos a mi madre; todos, sin excepción, nos hacemos regalos —al principio la cosa era sencilla pero ahora somos más de 56 personas a quien hacer un regalo. A pesar de la tristeza que nos causó la muerte de mi padre hace unos cuantos años, nos reunimos en familia cada 4 de agosto, día de su nacimiento, y matamos un guajolote, el platillo favorito de don José.

La llegada a la capital

Estudiar la carrera fuera de León era lo más natural del mundo porque no existían colegios para continuar con tu formación en el estado. Había llegado el momento de dejar San Cristóbal y a la familia, los años de infancia y de tranquilidad para iniciar una nueva etapa en mi vida. Al ver cómo se iba perdiendo en el horizonte el casco de la hacienda y la torre de la iglesia, sentí una enorme tristeza y un poco de temor a lo desconocido. José y yo decidimos inscribirnos en la Universidad Iberoamericana de la ciudad de México allá por 1960, mientras que mi hermano Cristóbal prefirió irse a vivir a Monterrey para incorporarse al Instituto Tecnológico de Estudios Superiores.

Para mi sorpresa, la Ibero no era aquel monstruoso edificio que había imaginado, se trataba de una vieja casona ubicada en la calle de Taxqueña. A lo mucho habremos sido 250 alumnos entre las Escuelas de Humanidades y Administración de Empresas; la carrera de Administración prácticamente empezaba en esos años y formé parte, junto con otros 40 estudiantes, de la cuarta generación que se graduó.

José y yo nos instalamos en casa de la tía Luisi, donde ya vivía nuestro primo Ignacio Amuchástegui que también estudiaba en la Ibero. Para sobrevivir me las debía arreglar con cinco pesos a la semana, de los cuales treinta centavos se iban en el camión que tomábamos Ignacio y yo en la esquina de Orizaba y Puebla, en la colonia Roma, y que nos dejaba a las puertas de la universidad. A los traslados les dedicábamos, por lo menos, cuarenta minutos de ida y cuarenta de regreso. Con el paso de los meses varios amigos de la carrera se hicieron de coche y sobreviví de aventones. Un día me le aparecí a mi primo con un automóvil Chevrolet, modelo 1950, que luego se convirtió en una verdadera lata porque se le trababan las velocidades y a veces se paraba sin razón en plena Avenida Insurgentes.

Mi tía nos cuidaba como una segunda madre y tenía una cocinera extraordinaria. Particularmente me gustaba un pollo que preparaban en salsa de vino blanco con papas fritas; mi desayuno favorito eran huevos con la clara bien doradita y la yema sin estar muy cocida —aunque ya los he tenido que dejar por el colesterol. La verdad es que por lo regular comía de todo sin muchos miramientos.

Al principio regresaba a León por lo menos una vez al mes. El viernes por la noche tomaba el autobús para pasar con mi familia el fin de semana y regresar el domingo por la noche. Pero con el tiempo y dado lo pesado del viaje, esas visitas se espaciaron a cada seis meses.

Desde que ingresé a la universidad me distinguí no por otra cosa sino porque era el único que iba de mezclilla, ya que la gran mayoría acudía a clases de traje. Por aquellos años la Iberoamericana era una universidad sumamente elitista, y durante los cuatro años que duró la carrera estuve rodeado de apellidos famosos y de hijas de familias muy importantes.

Después de haber estado desde chiquillo en escuelas exclusivas de varones, aquella fue mi primera experiencia en una escuela mixta. Por supuesto que me la pasaba viendo piernas, y aunque todavía faltaban algunos años para que hicieran su arribo triunfal las minifaldas y los hot pants, si nos poníamos buzos alcanzábamos a ver un poquito arriba de la rodilla, pero hasta ahí. Lo que me sorprendió fue la cantidad de mujeres que asistían a la universidad, aunque eran pocas las que iban con el objetivo de desarrollarse profesionalmente, casi todas buscaban sobre todo un complemento a su formación prematrimonial. A mi salón de clases asistían tres muchachas a las que les guardo un gran cariño: Soledad Madrazo, Rosalinda León y Amparo Espinosa, la hija de don Manuel Espinosa Iglesias, el dueño de BANCOMER. Amparo era la niña bien de la generación, que siempre cargaba un billete de mil pesos por si acaso lo llegaba a necesitar.

Puedo presumir que también me distinguí por otra cosa: era el encargado de imponer los apodos a la generación, de mis cuarenta compañeros, bauticé a quince; yo no me pude salvar y por provinciano me llamaron el Indio, aunque Luis Alonso, otro buen amigo de la carrera, acostumbraba llamarme Nelly, por el beisbolista Nelly Fox. Eso sí, los apodos que ponía nunca eran ofensivos.

Uno de mis mejores amigos hasta el día de hoy es Julio Osorio y lo conocí en la universidad. Éramos los más grandotes de la clase y siempre nos peleábamos para ocupar un viejo reposet que estaba en el salón de clases. Huesorio, como le apodé por su extremada delgadez, vivía en la colonia Escandón y por eso utilizábamos la misma línea de camión, él se bajaba en Insurgentes y yo me seguía hasta la calle de Puebla. Éramos terribles, nos la vivíamos en la cafetería jugando dominó y en una ocasión hasta quemamos el viejo reposet con un cigarro. Siempre andábamos pensando la forma de aligerarnos la escuela; recuerdo que durante un examen esperaba pacientemente a que Julio me aventara las preguntas desde la ventana del salón para que contestara mi examen y el de él, pero por supuesto nos cacharon.

Nuestros problemas de conducta y aprovechamiento eran tales que en el segundo año de la carrera el secretario de la Ibero, Amado Aguirre, nos hizo firmar una carta-compromiso en donde aceptábamos que de no obtener un 8 de promedio como mínimo, quedaríamos automáticamente fuera de la universidad.

¿Cómo dividíamos nuestro tiempo libre en la capital?, básicamente entre el cine y Sanborns, el escaparate ideal para que los chamacos pudiéramos ver chavas. De vez en vez, cuando el dinero nos lo permitía, nos pelábamos a Acapulco o a Taxco de viernes a domingo. Mi grupo de amigos lo integraban Osorio, Roberto Hernández, Manolo Suárez, Ángel Córdoba y Soledad Madrazo, y a todos nos encantaba ir al cine Las Américas a ver películas de John Wayne o de Gary Cooper, que estaban muy de moda. Pero los viernes se los dedicábamos a El Retirito, un restaurante de comida yucateca en la calle de Valladolid, justo enfrente de El Palacio de Hierro; eso sí, sin niñas, porque era la época en la que no las dejaban salir después de las diez de la noche. Nos llevábamos de maravilla con los meseros y los cantantes como el Malévolo y el Jaibo; hasta el secretario particular de Adolfo López Mateos, Humberto Romero Pérez, alias el Chino Pérez, se hizo nuestro cuate, le caíamos bastante bien y como nos veía chavos y sin un clavo a veces nos disparaba la cuenta. Como el Chino, teníamos varios amigos maduros que nos sacaban de apuros. En cierta ocasión hubo un conato de bronca en el restaurante y para nuestra mala fortuna, el adversario era el equipo de pentatlón olímpico; todo se desencadenó por una tontería y por poquito nos matan a todos. A mí me tocó hacerla de conciliador, porque a pesar de mi tamaño siempre he odiado las peleas, afortunadamente todo se solucionó para bien. También frecuentábamos el Roo, un bar ubicado por la carretera a Toluca que tenía variedad. Un cliente asiduo de ese lugar era Manuel el Loco Valdés, que no paraba de bromear con todo mundo.

    Yo no era noviero para nada, seguía igual de corto para eso de las muchachas. Recuerdo que tuve una en el Distrito Federal, otra en Culiacán y una más en Apatzingán, el único inconveniente es que andaba con las tres al mismo tiempo. Nunca fui de los que acostumbran enviar cartas de amor o llevar serenatas, todo lo contrario de Huesorio, que desbordaba su romanticismo. En 1968 nos fuimos cinco semanas de viaje a Europa, recorrimos Francia, Italia y España. Huesorio tenía una novia a la que le escribía cartas interminables, y en una de esas que bajó al lobby del hotel no pude evitar leer una de ellas.

"Qué bárbaro, Flaco, que Agustín Lara ni que nada. Cuando tenga una novia te voy a pedir que tú le escribas las cartas", le decía sin poder aguantarme la risa. Como era previsible, Huesorio se casó unos cuatro años antes que yo, pero aún así seguimos frecuentándonos. Cuando yo me casé, nuestras esposas se hicieron amigas y hasta nos hicimos compadres.

De joven prefería salir con mis amigos. Los sábados y los domingos los dedicábamos en cuerpo y alma al deporte; desde el principio me integré al equipo de futbol de la Ibero y al equipo Loyola de la Liga Española de Futbol, siempre jugando de medio o defensa central. Fernando Vera se vino a estudiar también a la capital y aunque se matriculó en la Universidad Nacional Autónoma de México, seguíamos frecuentándonos como en León. Los domingos de futbol nos trepábamos como siete en el carro y nos enfilábamos al estadio, aunque antes almorzábamos en cualquier restaurante que quedara de camino para tener fuerzas.

En la universidad mantuve mi afición por los toros y las corridas. En las novilladas que se organizaban en la Ibero nos enfrentábamos a tremendos animalotes de 200 kilos que nos ponían tremendas revolcadas. Siempre me tocó el papel de matador y a Osorio, el de subalterno, mientras que Manolo Suárez, Ángel Córdoba y Fernando Izaguirre eran los banderilleros. Cuando íbamos a León nos poníamos unos cuetes sabrosísimos en un lugar que se llama El Panteón Taurino, propiedad del Chato Guerre que había sido, justamente, banderillero. Se trata de una especie de ruedo y en las paredes está pintada la barrera con rostros de los personajes famosos de aquella época. Pero, insisto, el cuerpo no me ayudaba mucho.

—Vicente, no tienes nalga torera —me vacilaba Manolo.

Pero eso sí, la teoría me la conocía al derecho y al revés.

Cuando me preguntan por qué estudié administración de empresas, debo confesar que me inclinaba más por la arquitectura, porque desde niño fui muy bueno para eso del dibujo, y la verdad me fascinaba, todo lo que hacía no era más grande que una cajetilla de cigarros o de cerillos. En mis años universitarios diseñé mi propia casa de San Cristóbal que, con los años, pude construir. Sin embargo era bastante pesado estudiar aquello, demasiadas materias, mucha tarea y pocas horas libres, así que opté por la administración. Pero para ser sinceros tampoco había mucha información para que los jóvenes hiciéramos una adecuada selección de carrera.

Quizá mi padre influyó un poco en la decisión que tomé ante su insistencia de que nos dedicáramos a cualquier cosa menos al campo y la actividad agropecuaria. José quería ser ingeniero agrónomo pero se desistió de sus planes, si bien con los años regresaría al rancho para encabezar los negocios de la familia cuando mi padre decidió retirarse. Era comprensible la actitud de mi padre. Durante el sexenio de Luis Echeverría se agudizaron las invasiones de predios, la situación política en todo el país era sumamente tensa, producto de un populismo exacerbado. Mi padre juraba que la propiedad privada en el campo iba a terminar por el contubernio entre autoridades y los seudolíderes. Durante casi dos años, San Cristóbal estuvo invadido.

El día que nos invadieron coincidió con la fiesta del pueblo. De los cuatro hermanos mayores, José era el único que estaba en el rancho junto con mis padres, su esposa —por cierto embarazada y a quince días de dar a luz— y mis hermanas, que eran unas chiquillas todavía. Alrededor de las 7 de la noche empezamos a escuchar balazos, y el angustiado cura del pueblo les pidió a mis padres que abandonaran el rancho sin que nadie se diera cuenta; prácticamente se les suplicó porque hasta amenazas de muerte pesaban sobre ellos. Pero mis padres se rehusaron a dejar su propiedad. Cuando todo esto ocurrió, yo ya había ingresado a la Coca Cola y tenía que viajar por varias ciudades de la república, pero eso no fue impedimento para que regresara inmediatamente a ayudar en lo que podía —durante esos dos años, todos los fines de semana me fui a San Cristóbal. Durante la noche nos escapábamos a regar la cosecha para evitar que se perdiera, además debíamos estar muy atentos para que los invasores no pudieran barbechar y sembrar. Una vez cosechando hubiera sido imposible sacarlos de ahí, la ley nos lo impedía. Ejemplos como éste y muchas otras situaciones a las que se enfrentó durante su vida, orillaron a mi padre a tratar de sacarnos del campo; no quería que sus hijos enfrentaran invasiones, inseguridad y pocos beneficios económicos. Pero todos regresamos y todos tenemos al rancho como el eje de nuestras vidas.

Volviendo al tema de la universidad y los estudios, debo resaltar que la formación jesuita ha sido fundamental en mi vida. A diferencia de lo que se ve ahora en la Ibero, en mi época los sacerdotes eran los encargados de impartir las clases y, prácticamente, de conducir la universidad. Con un total de 250 alumnos, habría unos 12 o 15 jesuitas al frente de la vida académica; brindándoles a los estudiantes la oportunidad de obtener una excelente preparación técnica, académica, pero sobre todo, moral. El rector de la universidad, el padre Pérez Alonso, nos llevaba a ejercicios espirituales a una casa que tenían los jesuitas en San Cayetano, por la carretera a Toluca; Huesorio y yo éramos a los que más perseguía de la universidad y logró pescarnos por lo menos unas tres veces. Los retiros consistían en pláticas y lecturas sagradas, aunque no necesariamente la Biblia, sino cosas más prácticas para un joven.

Con uno de ellos, el padre Xavier Scheifler, desarrollé una profunda amistad que me dejó una huella indeleble. Vasco de nacimiento, llegó a México directo de la Universidad de Lovaina en Bélgica, como director de la carrera de Administración de Empresas; fue tal el aprecio que la generación le tuvo, que lo nombramos nuestro padrino. Además de ser el director de la carrera le gustaba impartir cátedra. Su materia predilecta era Historia del Pensamiento Económico, un tema muy polémico pues el marxismo estaba en todo su apogeo, lo mismo que el bloqueo a Cuba y la crisis de los misiles con Kennedy. Al principio del curso, el padre calificaba al marxismo como una buena teoría, pero hacia el final del semestre nos convencía de lo contrario y nos convertía en antimarxistas.

El pobre se desesperaba con sus estudiantes mexicanos. Acostumbrado al sistema universitario europeo, con jóvenes responsables, participativos y serios, no entendía cómo podían existir estudiantes que contaran chistes en plena clase, que aventaran avioncitos o que copiaran en los exámenes. Conmigo se enojaba porque siempre me senté en la parte de atrás del salón de clases, con el cuerpo echado hacia atrás y los pies hacia delante. Acostumbraba jugar ajedrez con unas piezas chiquititas que llevábamos al salón. En más de una ocasión el padre Scheifler trató de pescarme distraído haciéndome una pregunta difícil, pero nunca lo logró, siempre contestaba correctamente y seguía con mi juego.

Pero la huella más profunda que me dejó, y que marcó definitivamente mi vida, fue a los diez años de haber salido de la Ibero, durante una reunión de la generación. La mayoría de los compañeros acordaron que el encuentro fuera en el University Club de Paseo de la Reforma, donde te exigen que vayas de traje. Eso se convirtió en un verdadero problema para mí, porque tuve que conseguir un saco y una corbata prestados. Prácticamente toda la generación estaba presente. La gran mayoría había alcanzado buenas posiciones en el mundo de los negocios: algunos eran directores generales de empresas, de mercadotecnia, mientras que otros habían asumido la conducción y responsabilidad de los negocios familiares; podemos decir que todos los presentes eran hombres exitosos. Ese tipo de reuniones, sobre todo después de tantos años, se prestan para presumir quién tenía el mejor puesto, quién había alcanzado más sueldo, qué señoras llevaban más joyas —por cierto, había una fortuna en alhajas reunidas ahí.

El padre Scheifler con todo su colmillo y los años de experiencia, notó esta situación y durante su discurso de bienvenida nos dio una verdadera bofetada. Todavía no nos sentábamos a cenar, estábamos en el aperitivo, cuando tomó el micrófono.

–Me siento totalmente decepcionado de haberlos educado —dijo—, no dediqué cinco años de mi vida y mi esfuerzo para que terminaran presumiendo únicamente de lo material, sólo regocijándose del éxito económico. Me voy porque fui un fracaso en la enseñanza, siempre pretendí que salieran al mundo a servir a los demás —no había concluido y las lágrimas ya habían inundado su rostro; así de transparente era.

Todos nos quedamos sin habla. No sé qué pensaron o sintieron los demás, pero para mí fue una experiencia que ratificó mis convicciones y que me comprometió a trabajar hacia fuera, con los demás. Para ese entonces ya trabajaba en la Coca Cola, donde se acostumbraba permanecer treinta o cuarenta años escalando posiciones. Después de México, seguía Latinoamérica. Pero yo empecé a planear mi salida.

Hay que entender una cosa. En el mundo de los negocios los empresarios se satisfacen generando empleos, lo que evidentemente forma parte de su responsabilidad social, pero para mí el buen empresario tiene que ir más allá, trascender. En una gran empresa como la Coca Cola, es poco lo que uno puede alcanzar en términos de satisfacción personal, lograr esa realización que trasciende al éxito empresarial. Esa convicción fue la que me hizo planear mi regreso a León, al rancho familiar, porque supuse que ahí estaría más cerca de la gente y que tendría más posibilidades de realización interior. Por aquellos años, mis hermanos habían iniciado una etapa de crecimiento y diversificación de las empresas familiares, a los rubros de establos, puercos, alimentos balanceados y quesos finos, entre varias cosas. Mantenía por mi parte un contacto muy estrecho con Cristóbal y los apoyaba en esta tarea de crecimiento con mis propios recursos, dentro, por supuesto, de las limitaciones propias de un sueldo. Mi hermano insistía en que me uniera al grupo para apoyarlos en la organización y la mercadotecnia.

Pero mejor vayamos por orden.

El mundo de los negocios

Ingresé a Coca Cola en noviembre de 1964, justo cuando terminaba la carrera; mi ingreso coincidió con la presentación de los últimos exámenes. Nuevamente, la llegada a esa gran empresa fue un mero accidente y no un objetivo que me hubiera planteado en la universidad. Coca Cola fue la primera oportunidad que me saltó a la cara.

Como cualquier egresado presenté solicitud de empleo en por lo menos cuarenta empresas, entre las que se encontraban obviamente las más grandes y calificadas como Procter & Gamble, Ford, Chrysler, Dupont y muchas más. Coca Cola fue la primera que me llamó y, por supuesto, acepté de inmediato su oferta. Me atraía la idea de empezar desde abajo, pero además se trataba de un trabajo que no requería saco y corbata —no sé por qué siempre les he tenido aversión.

De todos los compañeros de mi generación fui el que empezó a trabajar más tarde. El horario de clase era de ocho a una y de cuatro a nueve de la noche, lo que nos impedía trabajar; para los últimos semestres ya sólo asistíamos tres o cuatro horas por la mañana para que ahora sí pudiéramos vincular el estudio con la práctica. Pero yo preferí destinar las tardes al estudio del inglés, que me interesaba mucho.

Al aceptarme en Coca Cola, me aparté de inmediato de la universidad y, por lo mismo, no concluí mi tesis y, por lo mismo, no me titulé, tarea pendiente que pude concluir hasta 1999. Al otro día que me contrataron me fui a trabajar al área de Naucalpan trepado en una camionetita entregando coca colas en los puestos que estaban afuera de las industrias. Por esos años empezaba a poblarse toda la zona industrial de Ecatepec, Naucalpan y Texcoco, y mi tarea como vendedor de ruta consistía en conseguir personas que aceptaran instalar un puesto para vender comida y, por supuesto, refrescos. En esa tarea duré sólo una semana y de ahí me mandaron a Morelia. Decidí instalar mi centro de operaciones en el Hotel de la Soledad, en el mero centro de la ciudad; anduve por todo el estado, en Playa Azul, Zamora, Uruapan.

En esa primera etapa, y por obvias razones, regresé poco a la ciudad de México. El trabajo me demandaba los siete días de la semana, arrancando a las 5 o 6 de la mañana; recorría primero las rutas foráneas y para las seis y media ya tenía que estar verificando las rutas locales. Durante las rondas, mi desayuno era normalmente un bolillo con queso panela —lo único que encontrabas por esas rutas—, una coca cola con huevo, o una cerveza con huevo, una buena polla. Ésa era prácticamente toda mi comida, porque regresaba al hotel pasadas las diez de la noche hasta que había terminado mi ruta. Mi obligación era hacer bien mi trabajo, responderle a quien me había mandado; en este tipo de compañías se pone uno la camiseta, defiendes a ultranza el producto y cuidado con haber siquiera tocado o bebido una pepsi. La competencia y la lucha en este negocio se concentra fundamentalmente en ganar el mejor espacio en el refrigerador, y para eso tienes que llegar temprano. Debes anticiparte, para que cuando llegues con tus productos el pequeño comerciante tenga todavía dinero para comprarte. Este concepto de servir al cliente, la eficiencia y la rapidez en la entrega, son elementos fundamentales también en el gobierno. Lo grave de los políticos en México es que rechazan todo lo que huela a empresario, lo que los lleva a perder efectividad en su labor. En esos primeros años en la Coca Cola, aprendí que el negocio está en el punto de venta. Trasladado al terreno de la política, eso significa que el buen gobierno está en la calle, en las cárceles, en los ejidos, en las universidades, no en el Palacio de Gobierno detrás de un escritorio.

Mi primer salario fue de 3,000 pesos, una buena cantidad para aquellos años y más o menos dentro del nivel en el que se colocaban los egresados de la universidad. La compañía me autorizó como viáticos nueve pesos al día para las tres comidas; en cuanto a la tarifa del hotel mi presupuesto no podía rebasar los 25 pesos. Aunque me sobraba un buen cacho de mi sueldo, prácticamente me lo quemaba todo y no ahorraba nada, aunque mucho del dinero se me iba en préstamos sin retorno a otros supervisores ya casados y con hijos, quienes regularmente andaban en las últimas de lana.

Tenía un compañero de trabajo, al que apodábamos el Ratón, que se la vivía pidiéndome dinero que jamás, por cierto, volvía a ver. En uno de tantos días me pidió que nos sentáramos a platicar y con lágrimas en los ojos me describió las dificultades con su señora y sus hijos, me dijo que ya no tenía para la escuela y que, para colmo de males, se le acababan de morir dos tías a la vez y no podía pagar el sepelio.

—Fox, no te imaginas —me decía con la voz entrecortada—, a una la tengo en la mesa del comedor y a la otra en el sillón de la sala, el único sillón que tenemos. Préstame mil pesos para enterrarlas.

La verdad es que me llevó hasta las lágrimas y no me pude negar. Por supuesto, al otro día todo mundo se burló de mí. El Ratón me había visto la cara, ni tías muertas ni nada por el estilo. De esa forma se me iba buena parte de mi lana y otra buena en pachangas.

Después de un año entero de andar por todo Michoacán, me trasladaron a Puebla. En esta ocasión, decidí instalarme en el Hotel Señorial, donde obtuve una buena tarifa y servicios de lavado de ropa. Durante año y medio me dediqué a viajar por todo el sureste de la república.

De Puebla, siguió Tampico durante año y medio. De ahí me fui a radicar a Monterrey; luego estuve seis meses en Chihuahua y dos años en Culiacán. En esos cinco años pasé de vendedor de ruta a supervisor, y después a gerente de zona. Regresé muy poco a la capital y menos aún a León —de hecho al rancho iba dos o tres veces al año nada más.

A principios de la década de los setenta el país traía un ritmo de crecimiento excelente, sin inflación y sin sorpresas. Hoy, que estamos inmersos en los vaivenes de los mercados financieros, vale la pena recordar aquel patrón oro que brindaba tanta estabilidad a las economías. En ese tiempo, los fundamentos de la economía, la balanza de pagos, los movimientos de las tasas de interés o la inflación no representaban una preocupación. Hablamos, por ejemplo, de un tipo de cambio de 12.50 pesos por dólar que se mantuvo por un periodo de veintidós años.

En la parte económica todo funcionaba bien, aunque en lo político y lo social ya comenzaba el deterioro. Uno recuerda y tiene presentes las grandes manifestaciones, las broncas, la lucha de los sindicatos, del magisterio. Cuando se desató el movimiento del 68, tenía 26 años; aunque andaba siempre fuera de la capital, durante alguna de las visitas que hice a mi tía me topé con una de esas manifestaciones. Pero yo estaba totalmente fuera de ese ambiente, así que lo único que podía hacer era observar y emitir juicios que, aclaro, nunca fueron concluyentes. Nunca acabé por darle la razón a uno u otro lado, había días en que uno podía firmar con sangre que ese movimiento estaba dirigido, manipulado y que los jóvenes estaban siendo utilizados como carne de cañón, pero había otros en que era exactamente lo contrario, sobre todo cuando éramos testigos de la violencia brutal de un gobierno sordo y represor.

Hoy, al paso del tiempo, tengo la convicción de que el culpable de esa masacre fue el gobierno, y no sólo en el momento en que usó la violencia para acallar a los estudiantes. La falta de democracia y sus actitudes dictatoriales fueron las que gestaron ese movimiento. No puede existir un proceso de desarrollo permanente y sustentable en condiciones de precariedad política. Ése fue el gran aviso; ahí debimos de haber concretado el cambio de modelo. Por esas fechas iniciaba el proceso de globalización, comenzaba a hablarse de exportaciones, de nuevos mercados y de la necesidad de abandonar ese nacionalismo a ultranza que había impuesto Echeverría desde la Secretaría de Gobernación. Ahí se marcó claramente la necesidad del cambio político, la manera en que se usó a los sindicatos frente a los estudiantes y cómo se arropó a la Confederación de Trabajadores de México y a la Confederación Revolucionaria de Obreros y Campesinos para que el ansia de libertad y espacios políticos no cundiera hacia el campo y hacia las clases trabajadoras. Ya entonces había llegado a su máxima expresión el corporativismo mexicano, tan desafortunado para el país.

Todos los países en el mundo fueron aprendiendo las lecciones de su propia historia y fueron evolucionando, todos menos México. Nunca hemos estado a tiempo: cuando fue el momento de democratizar, no democratizamos; cuando hubo que globalizar, no globalizamos; y cuando hubo que romper con los viejos y acartonados conceptos del nacionalismo, no lo hicimos. Todos estos cambios ocurrieron en la mayoría de los países durante la década de los cincuenta, sesenta y setenta, pero en México el mismo sistema se ha sostenido hasta el final del siglo. Eso nos ha sacado de la jugada mundial.

Pero en esos años yo todavía no tenía ninguna preocupación política o macroeconómica, pero sí de índole personal. Cuando andas de arriba a abajo en los camiones de ruta de la Coca Cola, sobre todo los foráneos y los que van al medio rural, recorres las rancherías y vas viviendo la pobreza y el desánimo todos los días.

Me tocó vivir la transformación de las compañías trasnacionales. Hasta principios de los años setenta lo que existía eran empresas voraces que se llevaban los recursos y las utilidades, sin compromiso alguno con el país o con el lugar donde estaban invirtiendo. Considero que —y conste que me duele reconocerlo— las posturas de nacionalismo fuerte y profundo como las que asumió Luis Echeverría fueron muy valiosas y ayudaron al país, aunque luego las llevó al colmo de la exageración.

Fue a partir de Coca Cola y particularmente de la dirección de Alfredo Martínez Urdal cuando se gestó el cambio de actitud de las trasnacionales. Todo el equipo de trabajo de Martínez Urdal nos pusimos broncos y necios ante la directiva que radicaba en la ciudad de Atlanta, en Estados Unidos, argumentando que tenía que cumplirle a México antes de llevarse las utilidades. Fue una batalla de cinco años que afortunadamente logramos ganar.

Se pusieron en marcha programas para promover y vender artesanías mexicanas por todo el mundo, con base en un extenso catálogo de más de tres mil artículos. La idea era muy simple: compensar la balanza de pagos de Coca Cola con México a fin de que lo mismo que salía en dividendos, se compensara con exportaciones. Coca Cola inició el programa voluntariamente, aunque, claro, ante la amenaza de Echeverría que blandía el machete para cortarle la cabeza a todas las trasnacionales. También se echo a andar una granja de camarón en ambiente controlado en Puerto Peñasco, Sonora. Se trató de una inversión muy grande, la primera de este tipo que se puso en el mundo. No era un negocio propio de Coca Cola pero se hizo para apoyar el crecimiento y el desarrollo del mercado de alimentos de México y para generar divisas.

Desgraciadamente ahí el nacionalismo a ultranza de Echeverría tuvo un efecto negativo y totalmente inverso. De acuerdo con la legislación vigente las cooperativas eran las únicas entidades autorizadas para explotar las especies marinas y, por lo tanto, una compañía o un inversionista privado no podía participar. Se dio una gran batalla jurídica argumentando que esto era una granja que producía camarón en ambiente controlado —esos camarones superaban en tres o cuatro veces el tamaño del camarón de mar, a base de inyecciones y alimentos especiales. Las explicaciones de la empresa no sirvieron de nada y tuvo que abandonarse el proyecto. Granjas de este tipo funcionan con enorme éxito en Centroamérica desde hace veinte años. Pudo representar para México una ventaja enorme, pero el nacionalismo le dio al traste. Otro programa que se puso en marcha fue el de "Coca Cola consume vainilla natural". Toda esa vainilla se produciría en México, y, por lo tanto, se plantaron hectáreas y hectáreas de vainilla en Veracruz.

A raíz de la estrategia de la Coca Cola, la Dupont empezó a vender 49% de sus acciones en México, arrancaron los programas de Procter y Colgate y hasta la Ford comenzó a construir escuelas. Pero el motor de todo fue Coca Cola y el equipo que encabezaba la empresa en ese entonces.

Después de cinco años de andar por toda la república regresé a la capital; pero ahora para ocupar durante todo un año la gerencia de operaciones, que era ya una responsabilidad a nivel nacional. A la gerencia le siguió la dirección de mercadotecnia, que era considerada la vicepresidencia de la firma. Pasaron cuatro años hasta que finalmente ocupé la presidencia de Coca Cola. Cinco años de mi vida, de 1974 a 1979, me mantuve al frente de la compañía; los viajes fueron ahora a Estados Unidos y Latinoamérica.

Durante esos cinco años entregué sin condición mi poco o mucho talento al mundo de los negocios; mi vida estaba centrada en el terreno económico. A pesar de que se me giraron muchas invitaciones nunca participé en cámaras de comercio o gremios empresariales, sólo en ocasiones muy especiales. El tiempo que no dedicaba a la Coca Cola, lo destinaba a trabajar en fundaciones y organizaciones no gubernamentales. Colaboré durante muchos años con un grupo que trabajaba en las zonas marginadas de la ciudad de México, presidí el patronato dedicado a establecer lugares de rehabilitación para drogadictos, alcohólicos, mujeres golpeadas o abandonadas, donde se impartían talleres de todo tipo para que pudieran reintegrarse a la vida productiva.

Lo académico siempre ha estado presente en la lista de mis prioridades. Presidí el Patronato Loyola, que construyó la Universidad Iberoamericana en León, y también fundé la Casa-Cuna Amigo Daniel. En esos años estaba comprometido con el desarrollo social. El interés político aparecería hasta mucho después.

En Coca Cola hizo su aparición mi única novia formal: Lillian de la Concha; al igual que de adolescente, era malo para los asuntos de muchachas aunque, para mi agrado, ya estaban de moda las minifaldas y los hot pants. Siempre me consideré una persona muy introvertida en asuntos personales, y no me gustaban las expresiones públicas relacionadas con mi cumpleaños, por ejemplo. Pues resulta que en una ocasión mi asistente, Luz María Aguilar, organizó a todas las muchachas de la oficina para que me cantaran "Las mañanitas" y hasta me mandó hacer un pastel en forma de cancha de futbol. Cuando llegué a mi oficina y vi todo ese revuelo no me quedó más que entrarle al guateque. Mi relación con Lillian, quien era secretaria del presidente de la compañía cuando yo me desempeñaba como director de mercadotecnia, empezó por Luz María. En cierta ocasión me preguntó si podía acompañar a Lillian a una fiesta y fue tal la insistencia que acabé aceptando; de ahí arrancó una historia que duró poco más de veinte años. Fue un noviazgo absolutamente normal, como el de cualquier pareja; como yo viajaba tanto, nos veíamos los fines de semana que me encontraba en la ciudad de México.

Al regresar de Harvard, donde me mandaron a estudiar un diplomado en alta gerencia, lograron echarme el lazo, en 1971: Lillian y yo nos casamos. Rentamos un departamento en la calle de Porfirio Díaz a un costado del Parque Hundido e iniciamos una vida más activa en términos sociales. Nos frecuentábamos con Julio Osorio y su esposa, aunque no con la continuidad que hubiera deseado. Nos gustaba ir al bar del Continental Hilton, en Insurgentes y Reforma, o a La Fuente, en Insurgentes —ir a ver a Olga Breeskin era una de mis aficiones, lo mismo que de mi padre.

Al asumir la presidencia de la Coca Cola mi responsabilidad básica era generar utilidades para la firma, que puede ser un asunto muy criticado o satanizado pero que es lo único que expresa en concreto la generación de riqueza; aunque en este caso, y al tratarse de una compañía extranjera, las ganancias van para los accionistas de afuera. Es un factor, guste o no, indispensable para el desarrollo de las economías. Me siento orgulloso de decir que tuve mucho éxito en esta aventura: en 1965, un año después de entrar a la empresa, la Pepsi vendía dos por uno contra Coca; diez años después esa relación ya había dado la vuelta y las utilidades iban en ascenso. Como empleado tenía que entregar cuentas muy precisas de los avances alcanzados en cada renglón, lo que me permitió desarrollar una mentalidad profesional y de calidad. En el sector privado no se vale pajarear o perder el tiempo. La rendición de cuentas, la transparencia y la honestidad son valores fundamentales en la política y en la iniciativa privada. En ninguno de los dos casos usas dinero propio, únicamente administras el ajeno, lo que te representa una doble o triple responsabilidad de hacer bien las cosas. Todos estos valores, técnicas e instrumentos que operan en la iniciativa privada, funcionan muy bien en el sector público, aunque por desgracia no se han utilizado ni promovido correctamente.

Se me acusa de querer manejar al país como si fuera la Coca Cola. No se trata de eso, sino de rescatar principios y filosofías que funcionan bien. Por supuesto que en la política hay mucho más que la racionalidad administrativa o la productividad; tienes que anteponer un rostro humano a la economía y a los resultados. El último resultado en la política, y el único verdadero, tiene que ser contar con ciudadanos felices.

Coca Cola México siempre estuvo a la vanguardia entre ciento ochenta o quizá doscientos países, en relación con la directiva de Atlanta. El debate con los altos mandos era constante y fuimos el primer país en lograr que las decisiones se tomaran localmente; por ejemplo, las presidencias y las direcciones generales siempre habían estado en manos de estadunidenses, pero aquí se rompió esa regla.

Lo que detesté esos años como presidente de la Coca Cola fue el tiempo que tuve que dedicar a lidiar con el gobierno, por lo menos un ochenta por ciento. Aún recuerdo aquellos números ridículos de Echeverría cuando llegaba con todo su gabinete y Rosa Luz Alegría. Nos tenían durante dos horas a por lo menos 250 empresarios escuchando una sarta de babosadas. Al final del encuentro Rosa Luz era la encargada de hacer el resumen de la sesión; eso sí, era brillante —además de guapota y dicharachera— para elaborar síntesis sin haber anotado nada. Siempre salía muy bien librada. Para todo necesitabas la bendición del gobierno: para sacar un nuevo producto, traer inversiones, cambiar precios, absolutamente todo estaba regulado y controlado. Sostuve muchas reuniones con Echeverría, ya como presidente de la Coca Cola, y con José López Portillo, siempre en un plan de conflicto y de negociación.

A partir de esas experiencias generamos un criterio que hoy aplico en la labor de gobierno: el proceso de desarrollo lo tiene que conducir el Estado, pero siempre en armonía con el mercado. Por aquellos años, el político quiso imponer precios al mercado y éste los rechazó, pretendió imponer fronteras a los productos y nunca le funcionó. En la armonía con el mercado es donde se encuentra el punto intermedio entre el viejo estatismo y el neoliberalismo que está fracasando rotundamente en toda América Latina. Se cometen muchas regadas en la conducción hegemónica del desarrollo por parte del Estado, como el propio mercado comete errores garrafales; lo importante es encontrar el justo equilibrio. Eso se ha logrado en Guanajuato. Se pueden, por ejemplo, manejar los precios del grano, del sorgo o del trigo no por imposición y decreto, sino con la inteligencia suficiente para crear mejores productos y técnicas en el campo. Me tocó negociar con Echeverría cuando se fue al extremo de pedir la nacionalización de Coca Cola. A todos los directivos nos llamó a cuentas para ordenarnos vender 51% de las acciones en México —estaba en su clímax la agresividad contra las inversiones extranjeras y las trasnacionales, y se te consideraba prácticamente traidor a la patria por trabajar en una de ellas. ¡Cómo ha cambiado el mundo: hoy prácticamente les lamemos los pies y nos ponemos de rodillas para que llegue la inversión extranjera!

Lo que más me llamó la atención en ese arranque de la primera década trágica de México fue, nuevamente, el no poder hacer nada si no se había negociado algo previamente con el gobierno. Si estabas en agricultura, existían mil y un permisos de importación para traer granos, pero todos discrecionales; si no tenías la capacidad de convencer al funcionario para que te diera el permiso, estabas muerto porque había diferencias de casi dos por uno entre el precio en el extranjero y el local. Todo acto de negocios estaba regulado y controlado por la burocracia y ni siquiera de una forma legal y uniforme, sino por un criterio discrecional del burócrata en turno. Ése es el mayor caldo de cultivo que existe para la corrupción.

El regreso a San Cristóbal

Siempre supe que regresaría a San Cristóbal; estoy convencido que uno se ata a la tierra donde nació y creció. La hacienda, la plaza y su gente son parte de mi vida, y, aunque he asumido un nuevo compromiso con México y conmigo mismo, sé que será ahí donde regresaré a pasar mis últimos días.

Finalmente, luego de quince años de trabajar en Coca Cola y de que me ofrecieron asumir la dirección de América Latina —lo que implicaba mudarnos a Miami, donde estaban las oficinas regionales—, decidí renunciar. Para tomar esta decisión se conjugaron dos elementos: el cambio de residencia y que ya venía planeando desde tiempo atrás mi regreso a León y a las empresas familiares. Ya comenzaba a sentir una importante insatisfacción personal.

A partir de ese punto mi vida cambió de manera radical. De vivir en la capital, regresé a vivir al rancho, sin vecinos a la redonda ni teléfono. En el ámbito profesional, pasé de una gran corporación a un pequeño negocio, donde se aprecia verdaderamente lo heroico que es juntar para la raya, correr los viernes para cubrir los cheques posfechados, hacer frente a los compromisos con el banco y tener éxito administrativo.

En el momento en que decidí regresar al rancho, el país estaba inmerso en las grandes sacudidas económicas y las pronunciadas devaluaciones de principios de los ochenta. Entre las empresas estaba ya en su apogeo la práctica de endeudarse en dólares, ante el brutal diferencial que existía con los intereses de los préstamos denominados en pesos; asumir esos pasivos en moneda extranjera no fue una decisión racional de negocios, sino que se nos orilló a tomarla. Para desgracia del país, ya había terminado el periodo de crecimiento y desarrollo; en adelante, el pan nuestro de cada día fueron las dificultades. Empezamos a formar parte de una generación de frustraciones.

Es obvio que la política económica instrumentada ha fallado en lo general y en lo particular. Tenemos treinta años batallando sin lograr estructurar una economía de clases medias; éstas prácticamente desaparecieron del país y eso es lo más grave que le puede ocurrir a una economía. Reconozco que esa época de las empresas familiares terminó con gran insatisfacción, por no haber podido salir adelante. Se hizo la lucha y se puso el mejor talento y esfuerzo, además del poco o mucho capital con que se contaba.

Equivocadamente quise aplicar muchas de las políticas y procedimientos de Coca Cola a las empresas familiares. En la gran corporación tienes salud financiera y capacidad económica; si tienes problemas de abogados, simplemente contratas al mejor despacho que exista. En la pequeña empresa, lo mejor que puedes hacer es agarrar un libro y averiguar qué vas a hacer. Para abrir un mercado de exportación, Coca Cola manda a veinte de sus mejores profesionistas por tres meses a Colombia, para que regresen con una propuesta; en la pequeña empresa prácticamente tienes que dejar de producir para viajar en persona y ver qué vas a hacer. En la época en que trabajé en Coca Cola, mis hermanos iniciaron el crecimiento y diversificación de las empresas de la familia: crecimos el área de establos, de puercos, de alimentos balanceados, de botas vaqueras y calzado en general; se puso en marcha el ramo de quesos finos y la congeladora; y yo los apoyé dentro de las limitaciones propias del sueldo que percibes como empleado. A mi regreso, decidimos construir un edificio de tres pisos de oficinas ejecutivas de primer nivel y hasta trajimos ejecutivos de México especializados en sistemas, finanzas y mercadotecnia. Recuerdo que cuando arrancó la etapa de las computadoras, compramos una Fiver 80 que nos costó en esos años 120,000 dólares; pero no tuvimos el éxito que esperábamos.

Vivimos el boom de la bota vaquera, luego del éxito que tuvo John Travolta con la película *Urban Cowboy*. Pero la agricultura y la moda tienen algo en común: son muy caprichosas —en el campo todo tu patrimonio pende de un hilo y por una sola helada se puede perder el trabajo de diez años. Aunque participábamos en el negocio de la bota vaquera, era una línea muy clásica con una sola moldura y horma, de color negro o café exclusivamente; el mercado era muy estable y de repente se puso de moda sobre todo entre las mujeres que comenzaron a demandar colores, desde el morado y el rojo hasta el azul, que se vendían como pan caliente. Las botas vaqueras se pusieron de moda en Francia y nos convertimos en los pioneros en la exportación de estos productos en todas sus presentaciones. Para apoyar nuestra tarea abrimos una distribuidora en Francia que se llamó International Fashion Shoe. Por desgracia nunca anticipamos la caída tan brutal de ese mercado, tan sólo dieciocho meses después. De ser un negocio redondo, se convirtió en nuestro primer gran descalabro en términos financieros. Nos quedamos con un inventario enorme y obsoleto; cada par de botas tenía un valor de 30 dólares, pero tuvimos que colocarlos a dólar y hasta en 30 centavos de dólar. En esa aventura perdimos alrededor de millón y medio de dólares.

Para bien o para mal, siempre me ha gustado pensar a lo grande. Con motivo de la inauguración de una tienda de botas —lo que en León ocurría todos los días— y aprovechando la fiebre del Mundial México 86 me traje a Mar Castro, la Chiquitibum. Cerramos la calle para hacer nuestro alboroto con motivo de la apertura de esa tienda. En otra ocasión invitamos a la premier de la película *Perdidos en la noche* (*Midnight Cowboy*), que de acuerdo con mi cuñada Lucha fue muy controvertida, tanto que hasta hubo gente que se salió del cine; pero eso sí, todo el pueblo estuvo un mes hablando de la inauguración de una tienda de 1.5 por 2 metros. Pero desde hace cuatro o cinco años se agotó el mercado de la bota vaquera y de haber existido quince o veinte empresas dedicadas a la exportación al mercado europeo —nunca hemos sido competitivos en Estados Unidos—, todas se tuvieron que orientar hacia otros productos. Hoy en día en Botas Fox fabricamos de todo menos botas vaqueras.

Pero, por supuesto, no todo fue terrible; fueron los años en que Lillian y yo formamos nuestra familia. Después de ocho años de buscar un hijo, decidimos que lo mejor sería iniciar el procedimiento de adopción. La idea fue de Lillian y hoy debo reconocer que fue lo mejor que pudo haber propuesto. Adoptamos cuatro niños: Ana Cristina, Vicente, Paulina y Rodrigo, después de procesos largos y azarosos hasta que, como padres deseosos de brindar todo nuestro cariño, pudimos abrazar a esas personitas. En México un proceso de adopción puede alargarse de uno a cinco años. Fue en Monterrey, en una casa-cuna dirigida por doña Rosario Sada, donde nos entregaron a Ana Cristina, mi hija mayor.

–Ve todos esos expedientes —nos dijo la señora Sada señalando una pila enorme de papeles—, el de ustedes estaba hasta abajo, pero sé lo que significa para ustedes adoptar a esta criatura —movió un folder hasta arriba de la pila y mandó traer al bebé. Nomás la cargué, me sonrió. El amor entre nosotros fue instantáneo. Si hubiéramos podido adoptar a los cuatro en ese momento, lo hubiéramos hecho, pero no fue posible. Entre Ana Cristina y Vicente hay tres años de diferencia, los tres años que nos costó dar con él; mientras que entre la adopción de él y la de Paulina sólo transcurrieron once meses. A Rodrigo, el más pequeño, nos tomó cuatro años adoptarlo.

Con base en la experiencia formidable que tuvimos con doña Rosario, decidimos fundar la Casa-Cuna Amigo Daniel en Guanajuato, en memoria del hijo de mi hermano Cristóbal que murió ahogado siendo apenas una criatura de tres años. En la casa-cuna todos los niños son entregados ante Dios, en actos muy emotivos, y no necesariamente a familias adineradas. Hemos entregado en adopción a chiquillos con familias humildes y ha funcionado perfectamente bien.

La primera opción siempre es tratar de convencer a la madre o al padre para que se queden con la criatura que han decidido entregar en adopción. Si eso no se logra, iniciamos los trámites. Antes lo más frecuente era encontrarte con madres solteras, ahora te enfrentas a niños abandonados, maltratados o violados; entre 90 y 95% de los chiquillos que permanecen en Casa-Cuna Amigo Daniel, se encuentra en estos casos. Aquí los problemas de adopción se complican porque en México no existe la práctica de adoptar pequeñitos de 5 u 8 años. En ámbitos así la labor del gobierno y del congreso tiene que ser dotar de un marco claro bajo el cual se van a realizar las adopciones, pero la promoción y la concientización tienen que venir de la propia sociedad. Tengo el absoluto y firme convencimiento de que el gobierno debe transferirle más y más tareas a la sociedad, que las hace con más cariño que la burocracia. Por supuesto, el Estado debe apoyar y dotar de recursos a estas organizaciones; como en Guanajuato, donde contamos con un fondo destinado exclusivamente a ese fin.

Varios años después de regresar al rancho y adoptar a nuestros hijos sobrevino la separación entre Lillian y yo, que culminaría más tarde en divorcio. Hasta la fecha mantenemos una buena relación en beneficio de lo que más queremos en el mundo: nuestros hijos. Desde que inicié mi lucha por llegar a Los Pinos me preguntan constantemente qué voy a hacer con lo de la primera dama, y hasta me inventan romances. Pero yo estoy totalmente inmerso y comprometido con mis cuatro hijos y con mis tareas de servicio en la política; eso me consume las veinticuatro horas del día. Lo que sí rechazo tajantemente es que se diga que para ser presidente de la República hay que estar casado. Nunca tomaría una decisión como la de casarme por razones de ese tipo o por taparle el ojo al macho; sólo el tiempo dirá cómo se desarrollará mi vida personal y familiar hacia delante.

Una de las cosas que me hizo regresar al rancho, fue rencontrarme con el campo y los recuerdos de la infancia. Pero también pensé que debes modernizar, tecnificar y diversificar tu tarea o simplemente estás perdido. El campo y su producción requieren apoyos. Todos los países del mundo subsidian su agricultura porque, de lo contrario, no podrían sobrevivir ni generar utilidades para reinvertir; México no debe ser la excepción. De ser muy subsidiado, el campo mexicano pasó de golpe y porrazo al extremo de cero subsidios; de ahí que no esté en condiciones de competir con el extranjero. En Estados Unidos los subsidios representan mínimo el 15% del precio de venta del producto; Canadá cuenta con un sistema de compensación operado por el gobierno para los casos en que el costo de producción y el precio de venta no aumenten en la misma proporción o cuando no se generen utilidades, esto sin subsidiar ineficiencias o improductividad. El campo mexicano ya no tiene más que dar. Es una verdadera utopía pensar que a través de él se podrá mejorar el nivel de vida de 25% de la población. Lo que necesitamos en cada comunidad rural y área agrícola, es introducir pequeñas industrias, procesos, comercios, servicios y hacer todo un universo económico de esas comunidades. En Guanajuato tenemos la más alta productividad en el sector agropecuario, superior a cualquier lugar en el mundo en materia de rendimiento por hectárea; sin embargo, ya no da para más.

Cuando los periodistas me preguntan si a México le espera otra generación de sacrificio, siempre les contesto que depende de a qué le llamen sacrificio. Considero totalmente viable el que logremos distribuir el ingreso, es decir, crezcamos como economía 5 o 7%, y como 8 o 10% entre los más jodidos. Eso, de entrada, ya te resuelve un problema, porque cuando una familia ve que cada año está en condiciones de comprar un par de zapatos adicionales o tiene un poco más de poder adquisitivo, te tiene paciencia. Pero si arrancas con regadas como lo hizo Zedillo en 1994, ya echaste a perder todo tu sexenio. Con sólo vender a la sociedad la idea de que va a haber desarrollo y demostrarlo, como se hizo en Guanajuato, donde la economía ha crecido 20% más que la nacional, navegas en otro mundo. ¿Qué se requiere? Acabar con la inseguridad, el cinismo, la impunidad.

Pero por esos años no me pasaba por la mente la idea de incursionar en la política. Cuando lo hice, pensé al principio que sería temporal —por lo menos así me vendieron la idea de aceptar una diputación y, después, de regreso al changarro. En nada se compara lo que puedes hacer como empresario en el terreno social a lo que puedes hacer desde el ámbito de la política.

Sin embargo, como empresario también tuve mis incursiones políticas. Durante el sexenio de Echeverría se crearon los llamados Consorcios de Exportación, a través de los cuales se les devolvía a los exportadores 2% de impuestos sobre sus ventas al exterior, aunque en papeles. Las diez empresas exportadoras de León, incluidas Emyco y Siete Leguas, creamos el consorcio Venexport. Durante la administración de Miguel de la Madrid me tocó presidirlo.

En una de las giras que el presidente realizó a León estaba programada una reunión con cincuenta empresarios y me eligieron como uno de los oradores. Decidí centrar mi ponencia en la burocracia a la que nos enfrentábamos los exportadores. Por supuesto que el Estado Mayor solicitó mi discurso previamente para rasurarlo, pero les cambié la jugada e improvisé. Para cerrar mi participación hice una crítica muy severa sobre las reglamentaciones a las que tenía que sujetarse un exportador y saqué el *Manual de exportaciones* que publicaba la Secretaría de Comercio y Fomento Industrial, un verdadero tabique.

–Señor presidente, lo único que usted tiene que hacer para exportar es aprenderse este libro —le dije—, y lo aventé sobre la mesa. La prensa no dejó de calificarme de majadero e irreverente. Ése fue mi primer encontronazo político, aunque todavía no sabía lo que me deparaba el destino.

"No le saques Fox":
a la arena política

Nunca pensé en la vida política y jamás me vi como un político, hasta que Manuel J. Clouthier me enfrentó a esa posibilidad.

El 3 de noviembre de 1987 recibí un telefonazo que cambiaría mi vida para siempre; al otro lado de la línea estaba mi viejo amigo Maquío, en ese entonces flamante candidato a la Presidencia por el Partido Acción Nacional.

—Oye Fox —me dijo—, en México siempre nos quejamos del sistema, de la deshonestidad y la corrupción, pero no hacemos nada para cambiarlo; hagamos algo ahora —remató la conversación.

Maquío y yo nos conocimos e hicimos amigos por nuestra actividad empresarial, que continuamente nos hacía coincidir en distintos foros como la Cámara Mexiconorteamericana de Comercio. Recuerdo que cuando lo conocí ocupaba la presidencia de la Confederación Patronal de la República Mexicana (COPARMEX) y desde el principio lo admiré por su estilo desenfadado, capaz de abordar cualquier tema sin tapujos. A partir de su incursión en la política y al ser nominado candidato a la Presidencia, Clouthier se dedicó a buscar amigos capaces de ganar las nominaciones del PAN y competir electoralmente en 1988.

Confieso que su llamada me caló muy hondo. Durante

cuatro semanas anduve dándole vueltas en la cabeza a la posibilidad de unirme a él; fue tal mi inquietud que hasta tuve seguidillas de los purititos nervios. No es sencillo para un ciudadano común y corriente, cuyo mundo gira alrededor de los hijos y el trabajo, decidirse a abandonarlo todo y saltar de buenas a primeras a la arena política. Además, la invitación de Manuel tenía una agravante que no se podía ignorar: me uniría a las filas de la oposición.

—Ayúdeme a convencerlo, doña Mercedes, está muy reacio —llegó a pedirle a mi madre.

Y no era para menos el andarse con cuidado. Por aquellos años cundía el pánico entre el empresariado mexicano —desgraciadamente todavía existe— por la represión fiscal, la física y el aislamiento social al que se condenaba a quien osaba salirse del aro. En mi caso, por ejemplo, de haber sido amigo de todos los empresarios de León, una vez electo diputado federal por Acción Nacional, ninguno de ellos quería sentarse a mi lado y mucho menos que lo fotografiaran conmigo. La política no era algo bien visto en mi familia, por lo menos, por mi padre, quien consideraba que los políticos no hacían otra cosa más que ensuciar todo lo que estuviera cerca. Como mi padre, amplios sectores de la población compartían esa opinión hasta hace muy poco tiempo.

—Pero qué ocurrencia —me dijo— la política en México está muy desprestigiada, ¿para qué te metes en eso?

A diferencia de mi padre, a mi madre siempre le ha entusiasmado la política y podría afirmar que hasta se apasiona por ella. Quizá lo panista me llegó por ella y por mi tía Luisi, una convencida simpatizante blanquiazul que apoyaba al partido desde las épocas en que nadie le tiraba ni un lazo.

Después de consultarlo con mi familia decidí entrarle, dispuesto a aportar mi granito de arena en el cambio del país y, por qué no decirlo, atraído también por la idea de embarcarme en una aventura de esta magnitud. El 6 de julio de 1988 le estaba regresando su llamada a Maquío.

–Triunfé, y como te dije alguna vez, voy después por la gubernatura.

El siguiente paso era informarle a mis hermanos la decisión que había tomado.

"Soy del PAN y me voy a lanzar como diputado federal", les informé para que estuvieran preparados. No sólo tenían que cubrir mi trabajo en los negocios familiares, sino que prepararse para cualquier tipo de represalia. Todos apoyaron mi decisión y hasta pude involucrar en esta nueva faceta a buena parte de mi familia. Antes de 1988, mis hermanas jamás habían participado en actos proselitistas, pero a partir de ese momento no pararon de hacerlo, hasta se compraron zapatos tenis para seguirme por todas las rancherías del estado.

El país estaba en plena ebullición, los cambios eran inevitables. Puedo sentirme orgulloso de haberme involucrado en ese proceso. Veinte años atrás, justo en el sexenio de López Portillo, el régimen empezó a flexibilizar su autoritarismo para adaptarse a las nuevas condiciones sociales del país; no tenía alternativa si consideramos que su nivel de legitimidad mostraba una clara tendencia decreciente y, en contrapartida, las movilizaciones sociales, a las que etiquetaba como "conflictivas", iban en aumento. Este proceso permitió a algunos partidos políticos competir y entraron en escena los diputados de representación proporcional.

La estatización bancaria de 1982 provocó un grave conflicto al interior del sistema y debilitó a una de sus piezas clave: el sector empresarial. Lo sucedido a los banqueros dejó muy claro que ningún sector estaría a salvo de los caprichos del sistema y sus operadores.

Empresarios de todo el país, principalmente medianos y pequeños, reconocieron que no era posible mantener una postura apartidista porque hacerlo los dejaría en una posición tan vulnerable o más que la de los señores del dinero.

Un grupo de pequeños y medianos empresarios, que después fueron identificados como los Bárbaros del Norte —me refiero a Maquío, Ernesto Ruffo Appel, Pancho Barrio Terrazas, Fernando Canales Clariond, Rodolfo Elizondo—, decidieron integrarse a las filas de Acción Nacional. Al partido lo respaldaban cincuenta años de trabajo constante, que habían logrado madurar y consolidar su doctrina. Por aquellos años, los panistas tradicionales afirmaban que, para asumir el poder, primero se tenía que dar un proceso de transformación cultural y política en la sociedad mexicana, y algunos llegaron al extremo de no contemplar realmente la idea de asumir el poder; su objetivo era sólo criticar al sistema desde la oposición. Durante muchos años el PAN se alimentó de grandes hombres y grandes doctrinas pero carecía del hambre de triunfo, hasta que la crisis llevó sangre nueva al partido. Estos liderazgos regionales que se sumaron a las filas de Acción Nacional se caracterizaban por su conciencia social y su postura crítica frente al poder. Con un estilo más pragmático y con técnicas empresariales aplicadas a las campañas políticas, comenzaron a ganar espacios de poder, aunque el proceso no fue nada fácil.

A pesar de que la estrategia política emprendida por el gobierno funcionaba para los fines del aparato estatal, la estatización bancaria y los triunfos panistas en importantes municipios de Chihuahua prendieron los focos amarillos de alerta. El proceso de apertura electoral se frenó de golpe. La nueva dinámica que se reflejó en estas elecciones de 1983, principalmente en los municipios del norte del país, fue producto de los liderazgos emanados de los foros de "México en la Libertad", organizados por los centros patronales de la COPARMEX y los Consejos Coordinadores Empresariales. Desde allí los empresarios más conscientes hacían oir su voz.

El PAN tuvo que enfrentarse al autoritarismo del régimen y a ver frenadas sus aspiraciones por alcanzar mayores posiciones, mediante una serie de fraudes más burdos que los ya acostumbrados, algunos de ellos con tintes claros de violencia, y que no ocasionaron una tragedia gracias a las protestas pacíficas en defensa del voto que emprendieron los panistas. En 1986 el régimen bloqueó a Francisco Barrio con el llamado "fraude patriótico", operado por Manuel Bartlett, lo que acarreó un enorme desprestigio para el sistema. Chihuahua y posteriormente San Luis Potosí y Guanajuato, pusieron a prueba la capacidad del PAN para enfrentar al régimen de manera pacífica.

La crisis de 1982 originó el florecimiento de nuevos liderazgos y propició el movimiento de una clase media educada, con un renovado proyecto de nación. El PAN se nutrió de sangre nueva que le brindó equilibrio y pragmatismo; se conjugaron ética y técnica, lo que nos abrió, por primera vez en la historia, una posibilidad real de dirigir los destinos del país.

Por medio de la resistencia civil, pacífica y activa, el PAN se fue fortaleciendo hasta consolidarse como la segunda fuerza política del país. Pero el trabajo continúa; la transición a la democracia está en marcha y el partido debe convertirse en lo que sus fundadores propusieron: un instrumento al servicio del pueblo. El principal reto al que se enfrenta es transformarse en una organización más abierta y menos dogmática. Pero eso lo abordaré más adelante.

Sin embargo, la oposición no era la única que le daba problemas al régimen; al interior del partido oficial las cosas no marchaban bien. Rumbo a las elecciones de 1988 la elite gobernante se resquebrajó, apareció la Corriente Democrática del PRI encabezada por Porfirio Muñoz Ledo y Cuauhtémoc Cárdenas. El año de 1988 significó el gran parteaguas en la vida política de México, con dos grandes líderes: Cuauhtémoc Cárdenas y Manuel Clouthier. Ahí empezó el cambio para el país, quizá demasiado tarde, pero el cambio hacia la democracia, acompañado por la rebelión de la clase media que simplemente dijo "ya basta" al ver afectados su nivel de vida y sus aspiraciones. La respuesta contra el sistema fue unánime e inició la revolución por la vía del PAN y del Frente Democrático Nacional; ellos fueron quienes pusieron en jaque al gobierno, que no pudo mantener el control y la manipulación sobre varios sectores de la sociedad. En un contexto como éste, fue que decidí meterme a la política.

El primero de enero de 1988 y sin convención democrática de por medio —por esos años el PAN difícilmente tenía candidatos, así que agarraba lo primero que se le cruzaba por el camino—, ya estaba yo en plena campaña para ser electo diputado federal. Claro, si a eso se le puede llamar campaña.

Por primera vez en mi vida, me encontraba en medio de un mitin en la colonia San Miguel, en León, Guanajuato, frente a una "multitud" de doce personas. Por primera vez tomaba un micrófono con fines políticos, y si hoy revisáramos el video de ese mitin seguramente sería el hazmerreir. Me veía totalmente chiviado, avergonzado y sin ningún mensaje que pudiera conmover a esas doce almas.

Experiencias de ese tipo reafirmaron mi convencimiento de que el mundo de la política y el de la iniciativa privada no tienen punto de comparación. Participar en política requiere de un largo y difícil aprendizaje, no bastan las buenas ideas, requieres talento pero, sobre todo, liderazgo. Ahí tenemos a un presidente Zedillo quien francamente no tiene cualidades de líder; podrá ser muy capaz, eso no lo pongo en duda, pero esa cualidad sólo sirve en la iniciativa privada. En política los requisitos que debes cubrir son otros y ninguno de ellos funciona con atole en las venas; lo que debe existir es química y comunicación directa con la comunidad, ambas partes deben entender con exactitud la labor y los compromisos que asumirán en la práctica.

"Esto está del carajo —pensé—, mejor me regreso a mi chamba de empresario, en esa sí la hago." Pero si algo tengo es que soy muy terco, así que decidí continuar.

Mi siguiente mitin no fue muy distinto al primero, sólo tal vez por el borracho que me miraba fijamente o por el perro que no paraba de ladrar. Seguía sin convencer a nadie. Por fortuna una campaña electoral no sólo se construye en los mítines callejeros, existe además el diálogo y el encuentro casa por casa, comunidad por comunidad. En esos acercamientos con la población radica el verdadero aprendizaje para un político o, por lo menos, así fue en mi caso. Cuando te enfrentas a los problemas del ama de casa, del trabajador o del pequeño ejidatario que tiene el mundo sobre sus hombros, empiezas a solidarizarte con los pobres y los jodidos; cuando comulgas con la población y hablas en su nombre puede ser que pronuncies un mal discurso, pero cuentas con la suficiente representatividad para mentarle la madre a los que han destrozado al país y han terminado con las oportunidades. Eso es lo importante.

Tengo muy grabada la imagen de Clouthier durante un mitin en la Plaza Mártires 2 de Enero de León, cuando llamó al entonces secretario de Gobernación "mentiroso y traidor". Ya podrán imaginarse la cara de más de uno, porque en este país simplemente no estábamos acostumbrados a ver algo así, una "afrenta" de ese nivel. Antes del mitin, nos convocó a todos los empresarios de León a un desayuno; quería invitarnos personalmente para que asistiéramos.

"A ver quién de ustedes tiene el valor civil y los pantalones para estar hoy en la plaza pública", nos retó a los doce que asistimos, de un total de 500 empresarios que trabajábamos en la zona, y eso porque no había prensa de por medio.

Se imaginarán que de esos doce, solamente uno acudió a la plaza: yo; eso sí, detrás de un pilar para que no me fueran a sacar una fotografía al lado del rebelde ese de Clouthier. Lo considero un gran hombre, mi padrino y el mejor ejemplo a seguir. De él aprendí la forma de conducirme, de hablar y vivir con la verdad en la política, muy lejos de las reglas establecidas para convencer a un votante potencial.

De esa primera campaña política recuerdo el sudor y la talacha de los siete días de la semana, de seis de la mañana a ocho o nueve de la noche. Por primera vez se logró romper el cerco de la Confederación de Trabajadores de México que abrió las puertas de las empresas para que se pudiera hablar con cada uno de los trabajadores; a veces eran cincuenta y en ocasiones hasta doscientos los que lográbamos reunir al pie de sus máquinas. Durante esas reuniones, me di cuenta de que todos ellos, o por lo menos la gran mayoría, querían zafarse de la CTM y buscar otras opciones. En el campo fue igual. Poco a poco salieron de sus viviendas los hombres y las mujeres, para acudir a los mítines en la plaza del rancho o del ejido: una tarea de todo el día, desde las siete de la mañana, para que a las seis de la tarde tuviéramos apenas cincuenta o sesenta asistentes. Eso también lo aprendí de Clouthier.

Otra de las personas que me dejaron una profunda huella fue sin duda Pepe Mendoza, a quien escuché durante un mitin en Celaya. Ignoro cuántas debilidades o cualidades tenga Pepe, pero no le faltan bríos, pantalones y rabia. Lo escuché desgañitarse frente a treinta personas, ponerse como energúmeno al denunciar al sistema, y aunque no tenía la elocuencia de un gran orador, se expresaba con la convicción de un ciudadano que lucha por sus hijos y su país. Entregas como esa, fueron las que me desataron la boca y me hicieron perder toda inhibición.

Durante toda la campaña te enfrentas con una población harta de políticos, quienes sólo se acercan a ellos cuando andan cazando votos pero que muy rápido se olvidan de sus promesas. Por eso como gobernador regresé a donde está la pobreza y la marginación, con los chiquillos que tienen un futuro incierto. De ellos me inspiro y recobro las fuerzas, de ellos agarro coraje y valor civil para retar a las elites políticas y al empresariado a que se comprometan con el desarrollo. Estoy convencido de que si contendiera en las elecciones del año 2020 ganaría la presidencia con 95% de los votos, porque la gran mayoría de mis simpatizantes son niños y jóvenes que me dan el poder y la capacidad de luchar.

En esa primera campaña política no todo fue trabajo y satisfacción, hubo momentos de angustia y desesperación. El sistema simplemente no permitía que lo retaras y siempre atacan en donde más duele. Entre el primero de enero y el 31 de marzo de 1988, en sólo tres meses, a la familia Fox nos invadieron el rancho, la Secretaría de Salud cerró la congeladora de frutas y verduras Don José y nos promovieron una huelga en la fábrica de calzado.

No llevaba mucho yo de campaña, cuando mi hermano Cristóbal recibió una llamada del delegado de la Secretaría de Salud notificándole que un grupo de México haría una labor de inspección, aunque la orden estaba dada: clausurar el negocio. Al no poder encontrar nada que justificara el cierre por insalubre, se valieron del estúpido argumento de que no todo el personal tenía credencial con fotografía; cuando se corrigiera la falta, podríamos abrir nuevamente. Mis hermanos amenazaron con ir ante los medios de información, y, tras una larga y tediosa pelea, nos dejaron seguir trabajando, no sin antes despachar al delegado por habernos dado el pitazo. En ese momento y ante manifestaciones como ésta, me espanté y estuve a punto de meter reversa. Mi familia también estaba preocupada y no era para menos.

"Vicente —me abordaron mis hermanos— estás poniendo en entredicho a toda la familia, ¿para dónde vamos, qué pretendes?"

Hice lo que me pareció más adecuado: recurrir a Clouthier.

"Manuel, tú me embarcaste en esto y ya tengo broncas en tres negocios. Échame la mano o me zafo."

Su mensaje no pudo ser más claro.

"Fox, no le saques al parche, no les demuestres miedo. Al revés, ataca más fuerte y vas a ver cómo te dejan en paz."

Seguí sus instrucciones y tomé más vigor. Pero no podíamos esperar a ver qué sucedía, era indispensable diseñar una estrategia familiar para que nos dejaran tranquilos. Decidimos que dos o tres de los hermanos aparecerían ante los ojos de todo mundo como priístas comprometidos y en desacuerdo absoluto con la oposición.

A José se le identificó como priísta, aunque claro, eso tiene una historia anterior a mi incorporación a la política. Ante los problemas agrarios tan severos que vivía el país, fue muy cercano a los organismos agrícolas de Guanajuato, concretamente a uno que se llamaba Pequeña Propiedad Agrícola y que estaba afiliado a la Confederación Nacional de Organizaciones Populares (CNOP). Por lógica trataba de estar muy cerca de los gobernadores en turno y de los delegados de la Secretaría de la Reforma Agraria; durante el sexenio de Echeverría, por citar un ejemplo, el entonces secretario Augusto Gómez Villanueva te obligaba a hacer antesalas en sus oficinas principales en México dos veces por semana, de seis de la tarde a dos de la mañana, hasta que "amablemente" te avisaban que ya se había retirado por otro elevador.

Hoy todos los hermanos han dado la cara, rechazan al sistema y le dicen sus verdades, pero un proceso como ese toma su tiempo. A la fecha en Guanajuato, después de años de gobiernos panistas, todavía existen muchos empresarios sacones que añoran el regreso del viejo sistema y otros tantos que prenden dos veladoras, una para el PAN y otra para el PRI, por si acaso.

Junto con Maquío, otra de las figuras que me calaron hondo fue sin duda don Luis H. Álvarez, un gran hombre que dedicó su vida a la lucha democrática y que contendió por la presidencia de la República siendo muy joven. Fue el perfecto complemento de Manuel en las elecciones de 1988; formaban la mancuerna ideal que requerían las circunstancias. Aun antes de ingresar a Acción Nacional, cuando andaba dedicado en cuerpo y alma a la agricultura, su figura me despertaba un gran respeto; recuerdo muy bien la caravana que se aventó desde Chihuahua hasta la ciudad de México para denunciar el fraude electoral; fue una hazaña impresionante. Sin duda Chihuahua y los chihuahuenses fueron los que despertaron a todo el país. Por primera vez desde hacía muchos años hasta la Iglesia se rebeló ante el sistema político mexicano, basta con ver las posturas de los párrocos y del propio obispo.

Aunque no tenía experiencia política cuando ingresé al PAN en 1987, sí tenía muy claro a dónde quería llegar. Lo primero que hice al integrarme a sus filas fue convocar a una junta de planeación estratégica; era como hablar en el vacío, porque nadie en Acción Nacional entendía de qué se trataba aquello y mucho menos sabían cómo aplicar esa herramienta. Nos reunimos para hacer un ambicioso plan de trabajo con objetivos perfectamente definidos: ganar las tres diputaciones federales y las tres locales a disputarse el 6 de julio de 1988; ganar la presidencia municipal de León en diciembre y obtener la gubernatura en 1991. Ése era el plan y está consignado en los archivos por si alguien no me cree. ¿Los resultados? Ganamos las seis diputaciones, Carlos Medina obtuvo la presidencia municipal de León por dos a uno y aunque nos arrebataron la gubernatura en 1991, el que Carlos fuera nombrado gobernador interino lo consideramos un éxito. Eso caló muy profundo en el PRI y en la izquierda, por eso el mamilas de Porfirio Muñoz Ledo —y que conste que es mi cuate— inventó aquello de las "concertacesiones". Pero no nos adelantemos.

Salinillas, escúchame

Mi llegada a la cámara de diputados en la LIV Legislatura fue una de las experiencias más gratas que he tenido en mi vida. Prácticamente se me caían los calzones al ver aquel majestuoso escenario, esas banderas, los nombres de los héroes de México.

Durante esos tres años como diputado federal aprendí mucho de Carlos Castillo Peraza, sobre todo la forma de hablar. A Carlos también le atrajo platicar conmigo, quizá porque somos como el agua y el aceite: él es filósofo y orador, mientras que su servidor es un pragmático y un administrador. Desgraciadamente yo no fui tan buen maestro como él, la derrota en el Distrito Federal me lo demostró, no pudo ganar en campaña. A la par de mi labor como diputado federal, me integré como coordinador del gabinete alternativo que formó Manuel Clouthier tras el fraude electoral de Salinas, para dar seguimiento a las políticas gubernamentales y, en su caso, plantear alternativas.

Esa cámara de diputados se convirtió en un verdadero herradero y la primera tarea fue terminar con los mitos. Antes de esa legislatura, un diputado jamás había asistido a las sesiones sin traje y corbata, y por primera vez muchos representantes del PAN y de lo que ahora es el PRD llegamos de pantalón de mezclilla y en mangas de camisa.

¿Qué es lo que más recuerdo? El proceso del Colegio Electoral, los treinta días más divertidos de toda mi vida. Por un lado, estaba el PRI perfumado; por el otro, se encontraba una chusma que se sublevó y le aventó al rostro las boletas fraudulentas.

Fueron treinta días de intensa chamba desde las diez de la mañana hasta las cinco de la mañana del día siguiente. En este herradero cada diputado tenía que subir a defender su triunfo, en varias ocasiones tratamos de detener a los priístas para que no subieran a la tribuna, exigiendo la apertura de los paquetes electorales. Un día un puñado de panistas y representantes del Frente Democrático Nacional decidimos bajar a los sótanos de la cámara, para abrir personalmente los paquetes electorales. Treinta y dos legisladores, todos muy envalentonados, nos organizamos y empezamos a caminar. Cuando llegamos a esos lúgubres sótanos nos recibieron por lo menos cien miembros del ejército, que se encontraban ahí no para defender a la nación, sino al sistema y al presidente de la República.

"Un paso más y se mueren, cabrones", nos advirtieron, y cortaron cartucho. Aunque nos íbamos zurrando del susto le echamos valor civil y dimos unos cuantos pasos más, pero terminamos por dar marcha atrás; todavía no era momento de entregar la vida por la patria.

En esa elección, el PAN batió uno de sus récords: obtuvo 32 diputaciones por elección directa, y, para decir la verdad, existía una gran diferencia entre esos 32 diputados y aquéllos que obtuvieron su curul por la vía de las plurinominales, que no traían el calor que brinda el contacto directo con la población. Desde entonces pienso que se deberían de eliminar ese tipo de diputaciones y sólo llevar al congreso a los diputados que sean electos directamente. Si se hace un análisis estadístico de lo que pasa en el congreso, te das cuenta que de los 500 diputados, 25 son los que mueven la sopa, dirigen las comisiones y acaparan la tribuna. Otro de los temas que se deben llevar nuevamente a la mesa del debate es la reelección de los legisladores, para que puedan acumular experiencias de diversos congresos y convertirse en verdaderos representantes de la sociedad.

Finalmente nos llegó el día límite en el Colegio Electoral para dar por buena la elección y declarar al nuevo presidente de la República. Ahí sobrevino la gran embestida del sistema, y para contrarrestarla a la oposición sólo se nos ocurrió inscribir a más de 130 oradores. No teníamos muy claro qué íbamos a conseguir, pero al menos denunciaríamos el gigantesco fraude electoral instrumentado por el Salinillas, para evitar que fuera nombrado nuevo emperador.

Esa maratón de oradores arrancó alrededor de las seis de la tarde de un sábado —se tenía como fecha límite el domingo a mediodía para concluir el proceso. Para entonces ya habíamos introducido al recinto de San Lázaro cajas con más de ochenta mil boletas fraudulentas que recogimos a las ocho de la mañana del 6 de julio en León; al romper las urnas apareció lo inevitable, votos para Salinas de Gortari. Después las llevamos a la calle y les prendimos fuego. Por ahí de las tres de la mañana llegó mi turno. Se trataba de un discurso sobre todo de rabia e impotencia, pero, a diferencia del resto, decidí caracterizarme como el propio Salinillas. Con algunas de las boletas electorales que llevamos a esa sesión, me fabriqué dos enormes orejas de papel.

Al pararme en la tribuna, le pedí a todos los compañeros legisladores que nos trasladáramos mentalmente hasta la casa de Salinas.

"Les está diciendo a sus hijos 'hoy antes de las doce seré nombrado presidente constitucional de los Estados Unidos Mexicanos. Éste es un gran honor y representa la más grande responsabilidad a la que puede aspirar un mexicano'.

'Hijos, me siento triste porque me he visto obligado a pedir a muchos de mis amigos a que, aun por encima de sus principios morales, me ayudaran a conseguir este triunfo. Y lo tuve que hacer porque pienso que México no está preparado para la democracia, que necesita continuidad en el mando y que tengo que responder al compromiso que mi amigo Miguel me ha transmitido para seguir llevando a este pueblo maleducado, desnutrido y empobrecido a mejores estadios de desarrollo. Tengo que cuidar que por la vía democrática nadie llegue al poder.'"

No iba ni a la mitad cuando el presidente de la sesión hizo sonar su campanita, "llamándome al orden": "Ciudadano diputado, con todo respeto le ruego que éste no sea un pretexto para hacer el estudio literario que usted está intentando. Refiérase por favor a los hechos para los que pidió el uso de la palabra".

"Me está usted quitando mucho de tiempo, señor presidente", le contesté, y continué: "Cómo quisiera que el Colegio Electoral no sólo pudiera abrir los paquetes electorales, sino que en apoyo a la Constitución y al derecho pudiera legitimar y aclarar ante todo el pueblo mi triunfo electoral. Quisiera que de no haber sido un proceso electoral limpio, se me relevara de la obligación de tomar este trago amargo de gobernar contra la voluntad del pueblo; se me relevara de tener que enfrentar la mirada de mis auténticos amigos y, sobre todo, de mis hijos y de mi esposa".

Por ahí dicen que eso bastó para que Salinas me guardara rencor durante todo su gobierno, porque me había dirigido a sus hijos y eso no se valía.

Dieron finalmente las 11:45 horas del domingo, sólo quince minutos más y Salinas sería declarado formalmente presidente de la República. Nuestro último acto, quizá de impotencia, fue tratar de evitar que algún mono del PRI tomara el micrófono para declarar vencedor a ese señor, así que toda la oposición se puso frente a la tribuna. De pronto, y no sé de dónde, entraron guaruras y personal que nada tenían que ver con el funcionamiento de la cámara. A empujones y trancazos, Gómez Villanueva logró subir a tribuna y declaró al Salinillas presidente de la República. Se acabó. No nos quedó más que irnos a nuestras respectivas casas y comenzar un proceso reiterado de denuncia frente a la ilegitimidad del gobierno.

Pero mientras que Clouthier, Cárdenas y Rosario Ibarra trataban de organizar un programa de resistencia civil, las voces conservadoras del PAN publicaron en los principales diarios un desplegado a página completa. ¿Qué decía? Palabras más, palabras menos, pues que había que aguantar al Salinillas como presidente, dándole oportunidad de legitimarse en el poder.

En 1988, cuando finalmente tuvimos tirado al sistema y le pusimos el pie en el pescuezo, fuimos una bola de coyones y no le dimos el tiro de gracia cuando pudimos, en gran medida por una corriente de temerosos al interior del PAN. En ese momento, se levantó el cadáver, se rasuró la cabeza, le crecieron las orejas y en tres años se recuperó por completo. Ahí fue donde comenzó esta triste historia de un país que ha venido pagando un precio muy alto por no agotar el proceso de la democracia. Fuimos muy pocos los que seguimos denunciando y señalándole a Salinas que las cosas no iban bien.

¿Salirme del PAN? Nunca me lo planteé y ni siquiera lo imaginé porque tomé la determinación de seguir luchando. Los autoritarismos ya no son derrotados por la guerrilla, sino por la inteligencia, el voto y la resistencia civil. El día de hoy, afortunadamente, el partido se arrepiente de haber publicado aquel desplegado.

Cuando el Salinillas asumió la presidencia de la República enfrentaba la apremiante necesidad de legitimar su gobierno. Lo primero que se le ocurrió fue dar un golpe espectacular encarcelando a Joaquín Hernández Galicia, la Quina, el líder del sindicato petrolero; un hitazo en términos mercadológicos. Durante sus primeros tres años de gobierno puso en marcha todo un sistema de comunicación, con el propósito perfectamente estudiado de tejer lazos con los sectores empresarial y eclesiástico y la sociedad en general. Hay que reconocerle que su aparato de comunicación fue muy eficaz —nadie mejor que él para ejemplificar la labor de lobbing o cabildeo. Logró que la opinión pública internacional le fuera muy favorable en todos los sentidos y generó la percepción de que el país estaba creciendo a un ritmo constante. El excelente trabajo de imagen realizado en el exterior, le brindó al sistema una gran capacidad de gestión, con una gran eficacia decisional; no hay que olvidar que gracias al programa de privatizaciones y a la apertura económica en que se insertó a México, Salinas era considerado uno de los líderes mundiales más importantes.

El sistema tenía que volver a tejer lazos con la sociedad, de ahí la creación e instrumentación del Programa Nacional de Solidaridad, un proyecto interesante y bien articulado pero manipulado de la manera más absurda en beneficio de su partido. La única política social que Salinas conoció se llama clientelismo político, que aunque no era nueva para el sistema, ahora se aprovechaba para que los líderes priístas se identificaran con Solidaridad. En las elecciones de 1991, y tras la apabullante pérdida de terreno político que había observado el PRI en las elecciones del 88, el sistema logró, como en sus mejores tiempos, avasallar a la oposición con carro casi completo. No apostaba a los resultados, sino a las percepciones. Cada acto estaba cuidadosamente planeado, hasta sus encuentros con figuras populares estaban agendadas para desviar la atención o para generar una idea de cercanía con la población.

El programa económico de Salinas se basó en el manejo de las cifras macroeconómicas. Aprovechó el poder discrecional del presidente para hacer de las privatizaciones un instrumento político para tejer alianzas. Estoy convencido de que las privatizaciones hubieran permitido hacer eficiente al país y crear un Estado menos obeso, preocupado por administrar adecuadamente los bienes de la nación, dejando que la iniciativa privada se encargara de producir la riqueza. Pero la ola privatizadora de Salinas no fue diseñada bajo la lógica del mercado, sino por una política mercantilista y clientelista.

Si bien el proceso de desincorporación de las empresas del sector público representaba una magnífica oportunidad para capitalizar al país y generar industrias más competitivas, se cometió el pecado de la discrecionalidad al planearlo. Salinas privilegió a sus cuates, malbarató las empresas y, para acabarla de amolar, no se invirtió gran cosa para hacerlas eficientes —en algunos casos las ventas tenían el único objetivo de desaparecer empresas o fusionarlas con otras de capitales extranjeros. La forma en que se concretaron las ventas de empresas públicas a inversionistas privados, derivaría unos cuantos años más tarde en el rescate bancario y el carretero; aparecieron los "Divinos" y Cabal

Peniche, a los que ellos mismos invitaron a invertir con la promesa de apoyos incondicionales —buenos amigos a los que ahora desconocen. Qué podemos decir, vendieron y subastaron con engaños, prometiendo una economía sólida y sin crisis.

    Salinas poseía la habilidad de mantener prendido con alfileres todo un escenario económico, político y social que nada tenía que ver con la realidad del país. Las diferencias económicas se profundizaron y los empresarios que eran sus amigos se hicieron inmensamente ricos, al mismo tiempo que más de cuarenta millones de mexicanos veían cómo se desplomaba su estatus de vida —más de veintiséis millones de mexicanos se vieron sumidos en la pobreza más extrema. Comparto la idea de que la apertura económica es benéfica, pero la que emprendió el Pelón no fue planeada. La pequeña y mediana empresa, los motores productivos del país, sufrieron graves pérdidas, al grado que están a punto de desaparecer, ante la imposibilidad de competir con capitales extranjeros.

    Al igual que en los tiempos de auge del petróleo, en los tiempos en los que "tendríamos que aprender a administrar la abundancia", en el sexenio del Salinillas se perdió la oportunidad histórica de hacer eficiente a la administración pública y sacar a México del bache en el que se encuentra desde hace décadas.

    Salinas cometió un error garrafal, hizo a un lado la reforma política, lo que, a la larga, afectó su proyecto económico. Temas tan vitales como la reforma fiscal quedaron pendientes y, finalmente, todo su proyecto se desmoronó. Al contar con un régimen presidencialista y corrompido, sin contrapeso alguno, todos se dieron gusto: vendieron, robaron, se sintieron imprescindibles y acabaron agarrándose a balazos. Salinas nos pintó una economía de primer mundo, pero no nos dijo que teníamos un gobierno de quinta —lapidario el editorial publicado por el periódico *Le Monde*, de

Francia, del 2 de enero de 1994, tras el alzamiento en Chiapas: "México: sueños de primer mundo, realidad de tercermundista".

El desprecio que la población le guarda a Salinas no responde más que a la confianza traicionada. Las mentiras que hizo verdades a fuerza de repetirlas, quedaron al descubierto, como el abuso del que fue objeto la sociedad mexicana. Quizá producto de aquel fatídico desplegado publicado en 1988 en los diarios, en la opinión pública prevalece la idea de que el PAN se dedicó a apoyar ciegamente todas las iniciativas que envió Salinas. Ante esa percepción, claramente digo que "ni madres"; se trata de otro de los grandes mitos que se han construido en este país. El PAN lleva sesenta años luchando, y no está inventando una propuesta de desarrollo económico a estas alturas. Acertado o equivocado, el PAN ha pregonado desde siempre por la privatización de las empresas paraestatales, la disminución del Estado y del aparato burocrático, así como el fortalecimiento de la sociedad.

Aunque, para ser francos —y quizá me represente un alto costo reconocerlo—, yo, en lo personal, he cambiado un poco de opinión desde que entré a la política. No puede desmantelarse por completo al Estado cuando tienes frente a ti una sociedad débil, sin educación y con la peor distribución del ingreso a nivel mundial; necesitamos un Estado conductor y promotor, fuerte en sus finanzas públicas y capaz de promover oportunidades similares entre toda la población —en Guanajuato, por ejemplo, cambiamos drásticamente de un estado paternalista a uno promotor. El camino del PAN nunca fue fortalecer a Salinas. Si alguien denunció y criticó al presidente cuando toda la iniciativa privada le aplaudía, fui yo. Ahí está el Diario de Debatres del congreso; el PAN jamás aprobó la cuenta pública ni el presupuesto de egresos durante el sexenio del Salinillas.

Poco después de mi llegada al congreso, tuve que afrontar una terrible pérdida: la muerte de mi gran amigo y maestro Clouthier. Andaba recorriendo Aguascalientes, cuidando casillas —estábamos en pleno proceso electoral—, cuando me dieron la noticia alrededor de la una de la tarde; sin pensarlo ni un momento, lo dejé todo y busqué el primer avión. A las siete de la noche ya estaba cerca de Manuel.

"Estos cabrones lo mataron", fue mi primer pensamiento en medio de la rabia y la impotencia.

Dos días me mantuve cerca de los distintos grupos de panistas, decidiendo qué íbamos a hacer. Fuimos al lugar de los hechos, estuvimos pendientes de todas las averiguaciones y de los detalles que nos permitieran asegurar si había algo chueco en su muerte. Pero después de tres días de profundizar e investigar, no encontramos ningún indicio, por pequeño que fuera, que validara nuestras sospechas. Creo que nunca me quitaré la duda de que se trató de un crimen. El consuelo que nos queda a los panistas que lo respetábamos, es que su nombre y su coraje forman parte de la filosofía del partido. Recuerdo que el fin de semana previo a que Manuel muriera, viajé con él a Morelia para participar a su lado como orador en un mitin. Después de desayunar juntos, nos trepamos al coche; de Morelia, jalamos para Zamora y después para Sahuayo. Recuerdo que el tema que traía entre ceja y oreja era cómo fusionar la cultura doctrinaria del PAN con la lucha electoral; tarea que, por cierto, sigue pendiente de concluir.

La afrenta

De la forma como me eligieron para contender por la diputación federal, a mi elección para buscar la gubernatura en 1991, existe un verdadero abismo. Me siento orgulloso de haber vivido la experiencia de una elección democrática en el Centro de Convenciones de León: gané 92% de los votos en una asamblea de 4,500 personas. Cuando un grupo de esa magnitud te elige para que salgas a la calle a luchar, depositando en ti todas sus esperanzas, es como si te pusieran una tonelada de piedras en la espalda, al mismo tiempo que te dota de una gran investidura: quien sale de un escenario como ese con un voto democrático, puede sentirse todopoderoso. A partir de ese punto uno debe decidir servir y ser eficiente en su labor, o bien, marearse con el poder y caer en sus redes. Ésa es la gran encrucijada del funcionario público y del político, el si es capaz de mantener los pies en la tierra.

En ocasiones me pregunto qué hubiera sido de este país si cada uno de sus gobernantes —presidentes municipales, diputados, gobernadores y el propio presidente de la República— hubieran sido electos democráticamente desde la candidatura misma. Lo más probable es que viviríamos en un México totalmente diferente, cada uno sentiría en su espalda la responsabilidad de representar a los ciudadanos y, quizá, no caería en tentaciones.

Decidí reforzar la presencia panista en Guanajuato creando la Organización para la Liberación del Estado que se encargó de reunir por medio de rifas, colectas y actividades especiales los recursos que necesitábamos para la campaña. Se encargó de reclutar a cerca de veinticinco mil simpatizantes para que vigilaran a los mapaches priístas; no podíamos permitir que hicieran de las suyas. Luego de 250 días de campaña, los resultados oficiales le daban la victoria a Ramón Aguirre con 53% de los votos; el PAN y yo marchábamos en el segundo lugar con 35% de los sufragios. Eran tan evidentes las señales de que en Guanajuato se había perpetrado un monumental fraude electoral, que convoqué de inmediato a la resistencia civil.

El 21 de agosto en Irapuato, ante cuatro mil simpatizantes

de Acción Nacional denuncié la existencia de más de 700 actas de escrutinio llenas de inmoralidades. Detallé que en 506 de las tres mil actas escrutadas por el partido aparecía un número mayor de votos que de ciudadanos enlistados en el padrón; se encontraron, además, 597 casillas "zapato". El 23 de agosto presenté durante una conferencia de prensa un video grabado la noche anterior a las elecciones, en el que aparecía una camioneta de la policía municipal de la que sacaron 46 urnas provenientes del municipio de Manuel Doblado para introducirlas al Comité Distrital.

Iniciamos una marcha de sesenta kilómetros a la ciudad de Guanajuato, la que llamamos "La Caminata por la Democracia", para exigir al Tribunal Estatal Electoral la anulación de, por lo menos, 700 casillas. Como parte de las acciones de resistencia civil, tomamos carreteras, el aeropuerto internacional, cercamos a la ciudad de Guanajuato; plazas como las de León, Celaya, Irapuato o Dolores, rebosaban de ciudadanos, lo mismo amas de casa que estudiantes y ancianos, que denunciaban el fraude electoral. Los ánimos estaban exageradamente desbordados y, para acabarla de amolar, una horda de priístas borrachos trató de destruir el edificio del congreso local.

Fue tal la presión de la sociedad, que a Aguirre no lo quedó más que renunciar a la gubernatura unos minutos después de que el congreso lo declaró candidato electo. El 29 de agosto comenzó a correr el rumor de la renuncia del exregente y a las 9 de la noche de ese mismo día, el CEN del PRI hizo llegar a las redacciones de los medios del Distrito Federal el texto de la misma. El propio Salinas reconoció que se habían presentado irregularidades en el proceso, mostrándose dispuesto a entregar el gobierno estatal a quien los panistas designaran, excepto a Vicente Fox.

No llegué a gobernador, pero aquellas elecciones sí las considero un triunfo. En la Plaza Mártires 2 de Enero de León le garanticé a todos los panistas ahí reunidos que el gobernador interino sería un miembro del partido. Ante miles de militantes abrí la posibilidad de que alguien como Carlos Medina, alcalde de León, ocupara la silla, y así lo propuse. Carlos había decidido que sus vacaciones coincidieran con el proceso electoral y se había marchado a Orlando. Pero tuvo que regresar el 25 de agosto. Desde que lo vi le informé de mi intención para que fuera nombrado gobernador interino, y aunque se mostró reticente a aceptar por su familia y la labor inconclusa que dejaría como alcalde de León, finalmente estuvo de acuerdo.

El nombramiento de Carlos Medina fue lo mejor que me pudo haber pasado y lo comprendí desde el primer día. Carlos fue el encargado de limpiar la casa y hacer la tarea difícil, y aunque creí que su mandato duraría un año o año y medio a lo más, ese tiempo me sirvió para madurar fuera del ambiente político.

¿Por qué se justificó la alternativa de un gobernador interino? No sabíamos con exactitud si habíamos ganado, y así lo externamos en la plaza pública ante los más de cincuenta mil panistas ahí reunidos; de lo que sí estábamos seguros era de que existían más de 800 actas alteradas, de que las irregularidades y las acciones fraudulentas del PRI se habían hecho presentes en Guanajuato. Pero para afirmar que habíamos ganado, se tenían que contar nuevamente todos los votos. La salida constitucional y legal, después de que se enlodó el proceso reconociendo oficialmente el triunfo de Ramón Aguirre, era el nombramiento de un gobernador interino, lo que implicaba convocar a una nueva elección.

No hubo ninguna concertacesión. Aquellos que lo sostienen son unos mentirosos que menosprecian la batalla que libraron miles de guanajuatenses. Guanajuato ganó y Ramón Aguirre salió con la cola entre las patas rumbo a España, en un viaje pagado por el propio Salinas de Gortari. A los diputados del PRI no les quedó más que nombrar a Carlos Medina jurídica y constitucionalmente gobernador interino; todo lo demás que se haya escrito es falso.

El día de la toma de posesión de Carlos Medina sentí el triunfo en la sangre, en Guanajuato empezábamos a construir una historia de éxito. Además, no puedo más que reconocerlo, había dentro de mí ese hervorcito en contra de Salinas; verlo ahí ante cientos de asistentes que vitoreaban a Vicente Fox era como ganarle la partida al emperador. Pero el cinismo del Salinillas era tan grande que nunca dio muestras de derrota, aunque quizá por dentro debía de haber estado con las tripas amarradas, pero nunca lo demostró, sólo apretaba los dientes. Creo que hasta tenía muy bien calculado ceder una serie de plazas para conservar la principal.

La estrategia de Salinas fue muy clara en ese sentido. En sus primeros tres años de gobierno, le vistió mucho el avance democrático de la oposición, pero sabía que nos tenía perfectamente controlados. Pero el que ya no esté Carlos Salinas no quiere decir que se haya extirpado el cáncer. La lucha dentro del PRI-gobierno no es de "buenos contra malos", sino de "malos contra malos", y no podemos confiar en ninguno de ellos. El gobierno se ha esforzado tenazmente por perder la credibilidad y la confianza de la gente, y lo ha conseguido a pulso. Ése es un "logro" más del salinismo.

Hoy, una vez más, estamos viendo la misma escena. La farsa priísta de su supuesta democracia interna. Ante todo, repito lo que siempre he dicho: ¡ya no más, ya son setenta años de lo mismo, no dejemos que nos vuelvan a engañar!

"Ahora sí":
EL REGRESO A LA POLÍTICA

La salida de la "congeladora"

La primera elección para la gubernatura en 1991, la empecé a trabajar desde 1988 —no abandoné las comodidades del rancho para jugar a las caiditas—, pero para contender por la candidatura de 1995 prácticamente tuvieron que sacarme de Congelados Don José y de la "congeladora" política. Una vez que Carlos Medina asumió la gubernatura interina me declaré públicamente en huelga política.

¿Por qué me retiré de la política? Antes que nada porque necesitaba ganar un sueldo y tener para comer. En 1991 ya no era diputado federal y no tenía un ingreso fijo, así que regresé a los negocios familiares. Pero la cosa no iba a ser tan fácil: la fatalidad de las crisis recurrentes provocadas por el PRI y sus tecnócratas han llevado al aparato productivo nacional al punto de la quiebra. Acostumbrado a tener una camioneta más o menos buena del año o por lo menos de dos años atrás, tuve que conformarme con una camioneta que me vendieron los de la Unión Campesina Democrática (UCD), una Ford modelo 1955 de color verde que odiaban mis hijos; hasta pena les daba treparse en ella para ir a la escuela. Como empresario me duele reconocer que no avancé mucho en esos cuatro años de trabajo. Cualquier esfuerzo que realices por mejor planeado que esté, cae por tierra cuando te abruman esas nubes de mosquitos que dicen conducir la economía en este país.

En México jamás se le ha brindado atención a la pequeña y mediana industrias. Al contrario, el sector empresarial y el fisco parecen enemigos. Siempre que me cuestionan sobre lo difícil que debe de ser gobernar un estado de la república, siempre les contesto que de ese tamaño las quisiera todas. Difícil, verdaderamente difícil, es ser un pequeño empresario y batallar cada viernes para juntar lo de la raya o cubrir un cheque. Me enfermé de gastritis y me pasaba noches enteras en vela por la preocupación de sacar adelante el negocio y a mi familia.

Mi abuelo y mi padre nos heredaron los negocios con una plantilla laboral de 100 empleados; mis hermanos y yo la aumentamos a 300 y luego a 3,000 en un periodo de cinco años. Todo peso que entró a la caja fue directo a reinvertirse para crecer y generar nuevas fuentes de empleo; pero la cosa no era sencilla, desde el sexenio de Miguel de la Madrid se empezó a deteriorar todo. Los créditos a la planta productiva estaban materialmente cerrados y la única opción que tenías para salir adelante era endeudarte en dólares; no tengo que explicar demasiado los niveles de apalancamiento que llegamos a presentar después de tantas y tantas devaluaciones. Actualmente estamos hasta la madre, pero logramos conservar 2,000 empleos.

Aunque me retiré de la vida política activa, esos años me dieron la oportunidad de reflexionar y de reunirme con políticos de diversas corrientes de pensamiento; hasta ese momento no conocía nada ni a nadie que no estuviera relacionado con Acción Nacional. Pero cuando tuve la oportunidad de hacerlo, me di cuenta de la gran riqueza que puede existir bajo cualquier bandera, sea de centro o de izquierda, del PRD o del propio PRI; me encontré con raíces e intereses en común, así como con una nueva fuente de inspiración. Sostuve intensas conversaciones con Cuauhtémoc Cárdenas y Fernando Gutiérrez Barrios, a quien conocí como el secretario de Gobernación de Carlos Salinas durante los fraudes electorales de Guanajuato y San Luis Potosí; descubrí que la maestra Elba Esther Gordillo es una mujer profesional; y resultó interesante discutir con priístas tecnócratas como José Sidaoui, actual subgobernador del Banco de México, y Tomás Ruiz, subsecretario de Ingresos de Hacienda. Del PRD recuerdo a Jesús Ortega, Amalia García y Pablo Gómez, incluso íbamos a cenar juntos para platicar horas y horas. Mantuve buen contacto con Adolfo Aguilar Zinser, Jorge Castañeda y Carlos Fuentes. Con Octavio Paz habré tenido unas cuatro reuniones a solas, por espacio de por lo menos media hora cada una. Durante las reuniones del Grupo San Ángel descubrí que no sólo Acción Nacional luchaba por el avance democrático en México. Pero a pesar de lo positivo de estos encuentros, si pudiera regresar el tiempo y borrar algunas decisiones que he tomado en mi vida, posiblemente borraría ese retiro de la política de más de dos años, que le restó un impulso importante a mi carrera.

De mi primera incursión en la política como diputado federal por el tercer distrito de Guanajuato, con cabecera en León, tengo algunos malos recuerdos. Fue decepcionante ver cómo se decidían las cosas en la cámara de diputados, con 500 legisladores con sueldos millonarios pero que poco le aportaban al país. Recuerdo la impotencia de observar que todos tus esfuerzos por debatir iniciativas de ley y negociar en comisiones, se iban por la borda ante el mayoriteo de la aplanadora priísta. Francamente éste es un país que pudo haber servido de escenario para cualquiera de los relatos de Franz Kafka; setenta años de gobiernos priístas han logrado que el llamarte "político" sea toda una ofensa. Si al final de mi gobierno he conseguido ganarme la confianza de los ciudadanos y éstos han vuelto a creer en sus gobernantes, me doy por bien servido; si puedo quedarme en Guanajuato, viviendo en el rancho y paseando con toda tranquilidad por la ciudad de León, regresaré a mi casa encantado de la vida.

Pero no todo ha sido malo en esta aventura. En poco más de diez años de vida política he atestiguado el avance de la oposición: Miguel de la Madrid tuvo que ceder capitales y algunos municipios; Salinas tuvo que entregar estados enteros; Zedillo perdió el Congreso de la Unión, o más bien, los partidos opositores se lo arrebataron.

Hoy, a diferencia de hace diez años, a cualquiera de mis hijos les recomendaría incursionar en la política. Mi hija Cristina escogió la carrera de Leyes, lo que significa que trae el gusanito dentro, y me da mucho gusto. Y es que ha cambiado la percepción sobre el quehacer político: a principios de 1999 recibí una carta firmada por dieciséis jóvenes de la Universidad de Guanajuato, estaban muy tristes porque en la carrera de Administración Pública la Universidad ya no tenía cupo y no los podían admitir. "Qué hacemos, queremos ser políticos", decía su carta. Qué mejor que existan personas con el limpio deseo de sumarse a la lucha democrática del país.

Mi regreso a la política se la debo a una treintena de militantes del PAN, de los participantes más activos durante la campaña de 1991, deseosos de impulsar el cambio en el estado. Entre ellos estaban el empresario Ricardo Alanís, Elías Villegas y Juan Manuel Oliva, en ese entonces presidente estatal del PAN. Fue en octubre de 1994, cuando llegaron a buscarme a la congeladora; palabras más, palabras menos, pero en cuestión de diez minutos me retaron y me obligaron a la congruencia:

"Fox, prometiste que ibas a luchar frente al aparato político para cambiar las cosas y representar a la ciudadanía. ¿Por qué estás ahora metido en la congeladora? Desde ahí, no vas a cambiar nada."

Siempre he tratado de ser coherente y congruente con lo que digo y hago, así que un recordatorio contundente como ese, me cimbró.

"Sí, vamos para adelante", fue mi única respuesta.

A las tres semanas ya estábamos trabajando. Todo noviembre y diciembre de 1994, así como enero de 1995, lo dedicamos por entero a la precampaña para que el PAN me eligiera de nuevo como su candidato a gobernador. A diferencia de cuando Manuel Clouthier me invitó a participar con él e integrarme a las filas del PAN, en esta ocasión no me fui a reflexionar o a consultarlo con mis hijos. No titubeé ni un momento al tomar la decisión de embarcarme nuevamente; cumplir mis compromisos es una de mis prioridades. La convención para elegir candidato estaba programada para el 5 de febrero. La verdad sea dicha, y sin ninguna pretensión de mi parte, la candidatura estaba ganada de antemano. Aunque contendieron otros tres precandidatos —Juan Miguel Alcántara, actual vicecoordinador panista en la cámara de diputados, entre ellos— obtuve un enorme porcentaje de la votación.

Antes de la elección del candidato a gobernador, el PAN acostumbra realizar una asamblea para decidir si participa en el proceso electoral y, en caso de hacerlo, se establecen las reglas a las que se sujeta el partido. Lo más importante de estas convenciones es que se plantea la posibilidad de aliarte con otra fuerza política. Desde que inicié mi precampaña mencioné la posibilidad de que el PAN se aliara con el PRD y el PDM. Aunque mi objetivo era darle un sentido de pluralidad a la campaña, me interesaba, sobre todo, romper con ese viejo tabú que existe en México sobre las alianzas políticas. Sin que existiera una perspectiva real de aliarnos con otra fuerza para la elección de 1995, era muy importante para mí dejar abierta esa puerta; el PAN no podía cerrarse automáticamente y sin ningún tipo de reflexión a las alianzas. Los militantes estuvieron de acuerdo en aceptar una alianza política, si así nos convenía, aunque nunca existió un acercamiento formal con el PRD o el PDM.

Las alianzas tienen el propósito de congregar a un número de personas suficientemente importante como para enfrentar a otra fuerza política; a nivel mundial han servido para derrocar dictaduras y en México nos hubiéramos ahorrado veinte años de desgastes si todos los partidos de oposición hubieran concretado una alianza —ya hubiéramos quitado al PRI del poder y este país sería plenamente democrático. Hemos venido sacrificando a todo un país por la inmadurez de los políticos de oposición que no han sabido ponerse de acuerdo. Soy panista a carta cabal, pero no soy dogmático ni doctrinario. Estoy convencido de que Acción Nacional por si solo no podrá sacar al país del atolladero en el que vive; eso debe ser resultado de un gran movimiento ciudadano, muy por encima de los partidos políticos.

Pero aclaremos un punto fundamental: no se trata de concretar alianzas por el solo gusto de hacerlo. En Guanajuato en realidad no era conveniente, pues el PRD representaba tan sólo 3% de los votos. Cuando te alías con otra fuerza política, ambas partes deben estar muy conscientes de su peso político; si en Guanajuato el PAN tiene 50% del electorado y el PRD 3%, sería totalmente irracional y desequilibrado pretender una alianza, porque el otro va a querer la mitad de las posiciones de gobierno. La alianza únicamente es válida cuando los dos partidos tienen un peso específico similar en términos electorales y políticos. La propuesta de una alianza opositora para los comicios del 2000, que primero lanzó Cuauhtémoc Cárdenas, la comentaré más adelante.

Regresemos a mi elección como candidato al gobierno de Guanajuato.

La asamblea del domingo 5 de febrero de 1995 fue muy concurrida, cerca de 2,500 personas se dieron cita en el Auditorio del Estado; una cifra muy superior al promedio de asistencia a las anteriores reuniones. Los panistas estaban citados a las diez de la mañana pero desde varias horas antes ya se sentía en el ambiente un gran entusiasmo y se respiraba el triunfo. Iba por la gubernatura, rodeado de mi familia y mis hijos, y mi confianza en la victoria era absoluta porque había hecho la tarea para conseguirlo. Cuando te metes en una elección no puedes llegar el primer día de gobierno como Cuauhtémoc Cárdenas, cuya primera instrucción al gabinete del Distrito Federal fue "salgan a averiguar cómo están las cosas, para luego hacer un plan".

Mi precampaña y la posterior campaña electoral se sustentaron en proponer el cambio político, la autonomía de poderes, la municipalización, la inclusión de los pobres al desarrollo y la participación intensa de la sociedad. Soy un firme creyente de que, lejos de monopilizar el poder, éste se debe compartir, y el gobierno debe ampliar las facultades de decisión en materia de distribución del presupuesto. En segundo lugar, me propuse atender el desarrollo económico del estado, generar empleos, atraer inversiones y, por último, aunque no por eso con menor importancia, atender a la formación de capital humano y a la educación. En el pasado, los gobernadores eran simples lacayos del presidente que se dedicaban exclusivamente a la tarea política, sin meter las narices en asuntos económicos. Pero desde el principio sostuve que Guanajuato no seguiría la suerte del gobierno federal, los guanajuantenses serían los propios artífices del desarrollo económico de su entidad.

La idea central que le transmití al electorado fue "ahora sí". En 1991 me había enfrentado al fraude electoral que agravió a todo Guanajuato, pero ahora estaba decidido a ganar.

Puse especial atención a estructurar un plan de gobierno sólido y consistente, aprovechando que contaba con información desde adentro del propio aparato estatal. Esta ventaja que tuve como candidato debería convertirse en una regla para cualquier elección en México; es una verdadera desgracia que los contendientes de oposición no cuenten con suficientes datos para presentar al electorado una propuesta fundamentada. El que Carlos Medina estuviera al frente del gobierno me permitió tener acceso a cifras y datos reales, aunque no sólo con frías estadísticas logras crear una plataforma de trabajo. Otra fuente de información, en mucho la más importante, fueron todos y cada uno de los recorridos que realicé por todo el estado. Visitar casa por casa, platicar con la población y conocer a fondo sus inquietudes se convierte, al paso del tiempo, en un plan de trabajo.

Aunque decidí, y así se lo hice saber a mi equipo de trabajo, no montar mi plataforma en las líneas de gobierno de Carlos Medina, tampoco era mi intención separarme de una gubernatura que había alcanzado éxito. Al momento de integrar el equipo de gobierno, estimé que la mitad de los colaboradores de primer nivel de la pasada administración permanecería en su puesto, mientras que el resto sería remplazado. Lo que buscaba era darle continuidad a los programas exitosos y, al mismo tiempo, inyectar creatividad e innovación al asunto. Al final renové a cerca de sesenta por ciento del equipo de trabajo.

Algo que debo destacar fue que Carlos Medina no intervino para nada en la elección. Aunque mantenía una estrecha amistad con Juan Miguel Alcántara, uno de los otros contendientes, en lo personal apoyó mi candidatura.

Algo que aprendí desde mis primeras incursiones políticas, es que en la campaña estás tú, tu equipo y tu preparación, nada más. "Estás por tu cuenta, no esperes nada ni del PAN local ni del nacional; arráncate con lo tuyo", me dijo hace más de diez años Javier Pérez, un panista de abolengo y prosapia.

Siguiendo esos sabios consejos he procurado no depender de lo que haga o deje de hacer el Comité Ejecutivo Nacional. Una práctica muy común a nivel estatal y municipal ha sido basar el éxito de las campañas en el apoyo económico o estratégico que brinda el CEN. Mi relación con la cúpula panista siempre ha sido la misma, aunque en lo personal había más empatía con don Luis H. Álvarez y menos con Carlos Castillo Peraza —en 1995 todavía no afloraban mis diferencias con él; vinieron más adelante tras una serie de declaraciones de ambos. Castillo asistió a un solo acto de campaña, y, al cierre de la misma, ni nosotros lo llamamos ni él se ofreció a venir pues cada uno tenía sus propias responsabilidades. Lección bien aprendida: aquel que quiera sustentar su triunfo en provincia en las visitas que realicen los miembros del CEN, ya la regó, y eso opera para cualquier partido político.

¿Qué se puede decir del contendiente del PRI en esta elección, el senador Nacho Vázquez Torres? Su solo nombre y filiación partidista describe de inmediato una campaña de rompe y rasga; un individuo que dominaba todas las viejas técnicas electoreras de las comilonas, la compra de votos y el corporativismo. Todo un dinosaurio. Siempre me ha parecido que competir con uno mismo es la manera más fácil de ganar una elección. En estos momentos la pregunta favorita de los periodistas es a quién prefiere Fox de contrincante por parte del PRI en las elecciones presidenciales. Claramente me inclino por Bartlett o Madrazo, porque con los tecnócratas no puedes contrastar tanto. La propia selección de Nacho Vázquez Torres como candidato del PRI, manejando el mismo discurso anquilosado de Ramón Aguirre, nos dio una clara ventaja desde el inicio de la contienda.

El PRI, como nunca antes, tenía el claro interés de enturbiar el proceso. Nos acusaron de llevar a cabo una guerra sucia, de motivar actos violentos, y pretendieron involucrar a los panistas en la "agresión" que sufrió Vázquez Torres en el municipio de Uriangato después de un acto proselitista. Pero la realidad era otra. Desde diciembre de 1994, el municipio estaba inmerso en un conflicto postelectoral; los miembros del Frente Cívico Uriangatense demandaban la remoción del alcalde priísta, y mientras que Malú Micher, candidata del PRD, y un servidor, les brindamos nuestro respaldo en su lucha, Nacho les ofreció destituir al alcalde. Como no lo cumplió, en su segunda visita al municipio se lo reclamaron airadamente. Se trató de una protesta derivada de un engaño, así lo estila el partido oficial. El PRI no buscaba otra cosa más que dar al proceso la falsa imagen de violencia, creando una atmósfera que no correspondía a la realidad. Como candidato a la gubernatura me pronuncié por un proceso civilizado y constructivo. A nosotros menos que a nadie nos convenía violentar el proceso de elección.

En Guanajuato, el PAN cuenta con una excelente estructura electoral. La de 1995 fue una de las primeras campañas donde las encuestas reflejaron el destino de la elección; desde el principio me mantuve a la cabeza y ganamos por un contundente nocaut.

El frenón opositor

Aunque a nivel estatal la oposición festejaba su avance sobre el PRI, a nivel nacional todavía arrastraba la cruda de las elecciones federales de agosto de 1994. Esa votación nos significó un tremendo frenón anímico luego de las expectativas que se habían creado sobre una victoria contundente. ¿Qué nos sucedió?

Como oposición, nuestra primera tarea era desmantelar todo lo que impidiera la realización de procesos electorales limpios y transparentes, terminar con los fraudes y el corporativismo que ejercía el sistema. Al PAN le tomó sesenta años lograr este objetivo; al igual que a Cárdenas y a Maquío, a mí me tocó la última etapa de esa labor de pico y pala durante las campañas de 1988 y 1991. Una vez librado el primer obstáculo, lo siguiente para el partido era avanzar en la ofensiva electoral con propuestas, estrategias de comunicación y de acercamiento con la población. En esa tarea nos involucramos hasta hace cuatro o cinco años; y no deja de ser evidente que el PAN se ha tardado mucho en evolucionar y hacer lo necesario para ganar en los procesos electorales. Mientras que en los medios de información se afirmaba —y afirma— que la oposición no sabe ganar, en el PAN prevalecía la vieja justificación de que se pierde por culpa del sistema y del fraude electoral. Desgraciadamente, ese argumento se generalizó en Acción Nacional y boicoteó el trabajo estratégico —siempre es más cómodo justificarse en lugar de trabajar.

Siempre he pensado que cuando estás a punto de conquistar la plaza necesitas perseverancia y temple, como el Pípila cuando abrió la puerta de la Alhóndiga de Granaditas. Diego Fernández de Cevallos llegó al punto más crítico en 1994, y, a la mera hora, o no le amarraron bien la piedra o se le hizo muy pesado cargarla, simplemente se echó para atrás. Que nadie me malinterprete, sobre Diego conservo una opinión excelente. En el debate de mayo de ese año quedaron evidenciadas todas sus virtudes, ya que de 16% de la preferencia electoral (cifra previa al debate) brincó a 32%, asumiendo desde ese momento el liderazgo de la lucha electoral. Para mí fue inexplicable lo que sucedió después; el porqué no apretó el paso y conservó la delantera. Se han dado diversas explicaciones; una de ellas es que estaba programado un segundo debate en materia económica, el fuerte de Zedillo, por lo que Diego se retiró a prepararlo; otra es que se enfermó de repente. Ignoro qué habrá pasado, pero ésa fue la primera zafada de Diego. La segunda fue no aceptar la candidatura para contender por el Distrito Federal. Si le hubiera entrado, otro habría sido el resultado, y seguramente nos habría encaminado directo a la presidencia de la República. A Diego se le ha acusado de concertacesionador y de enriquecerse de manera ilícita, para desacreditarlo y desgastarlo. Ambas cosas son falsas, los panistas confiamos en él, porque sigue siendo una figura muy valiosa para el partido y la democracia. A mi juicio, en el PAN no hay todavía suficiente coraje y hambre de triunfo. Pero la historia de Diego no se repetirá: voy por la presidencia de la República y por eso empecé a trabajar tres años antes de la elección.

Debo decir también que la incorporación de Toño Lozano al gabinete de Zedillo, como procurador general de la República, me pareció una buena decisión y absolutamente viable; yo mismo he propuesto desde hace varios años la conformación de gabinetes plurales. Sin embargo, representaba también un alto riesgo para el partido porque se tenía todo para ganar o para perder. Desde el momento en que el PAN declaró que Lozano aceptaba la invitación del presidente a título personal, pienso que anticipaba que la cosa no iba a funcionar del todo. Pero era inevitable que ambas partes se identificaran como una sola, porque si fracasa la persona, fracasa el partido. Participar en una tarea de la envergadura de la PGR requería mayor audacia y preparación; no se le dio la suficiente importancia ni a la persona ni a la estrategia que se siguió, con el consecuente desgaste de Lozano y el partido. Lección aprendida: cuando juegas en las ligas mayores, más vale que te prepares y no entres desprevenido "a ver cómo están las cosas".

Afortunadamente para el PAN, 1995 fue un buen año en términos electorales con los triunfos en Guanajuato y Jalisco. Los éxitos se dieron en escalada en los escenarios con mayor desarrollo económico y educativo, los más prolíficos para el avance democrático. El electorado que le quedó al PRI es el ignorante, sin preparación y de bajos ingresos. En el centro del país los cristeros han tenido mucho que ver con el triunfo panista, así como los sinarquistas, en Aguascalientes, Querétaro, Jalisco y Guanajuato; San Luis debería formar parte de ese eje de estados panistas, pero la huasteca es otro boleto y ha impedido que el PAN gobierne.

El resultado adverso al PAN en Yucatán ese año fue totalmente inexplicable. Mérida fue una de las tres plazas que despertaron con Manuel Clouthier en 1988; León y Juárez fueron las otras dos y ambas se convirtieron en posteriores gubernaturas. Maquío pegó con tubo en las rancherías yucatecas, cada vez que iba a un mitin, tres kilómetros antes de la plaza ya lo estaban esperando 150 mayitas a las afueras del rancho y desde ese punto se bajaba del coche para llegar caminando con dos muchachitas flanqueándolo. Quizá el resultado de esa elección se explique, en parte, por el propio desarrollo del PAN a nivel local y las divisiones internas que pudieron haberse presentado. El equipo en Yucatán se conformó con los viejos panistas como Luis Correa Mena o Carlos Castillo Peraza, a diferencia de Guanajuato y Chihuahua, donde fueron miembros de la sociedad civil.

¿Qué tienen en común las gubernaturas y el 90% de las cabeceras municipales que gobierna Acción Nacional? En casi todas ha sido un líder de la sociedad civil el que ha ganado. Citemos algunos claros ejemplos. Ernesto Ruffo renunció a la administración de la Pesquera Zapata para convertirse en candidato del PAN a la alcaldía de Ensenada en 1986, la que ganó, y tres años después fue electo gobernador de Baja California; durante diez años gobernó bajo las siglas de Acción Nacional. Pancho Barrio, extraído de las filas de la IP, era candidato independiente a la alcaldía de Ciudad Juárez cuando el PAN lo sumó a sus filas en 1983. Alberto Cárdenas, por su parte, ingresó al PAN en 1988 y, para 1992, ya era alcalde del municipio de Ciudad Guzmán; antes de concluir su periodo como edil, pidió licencia para participar en la contienda por la gubernatura, que ganó contundentemente en 1995.

Es un cambio que el PAN tiene que aceptar. Al electorado no lo conmueve en lo absoluto la doctrina o la ideología, ni las reiteradas propuestas priístas sobre la Revolución mexicana, la bandera nacional y la unidad. A la población lo que le interesa es comer y tener un empleo. Hablar el lenguaje de la sociedad es lo que le ha dado triunfos a Acción Nacional.

Desde el inicio a trabajar

Mi toma de posesión como gobernador se programó para el 26 de junio. La entrega del despacho por parte de Carlos Medina se llevó a cabo en dos actos, uno estrictamente legal y formal en el Congreso del Estado y otro, por la tarde, en el Auditorio de Guanajuato ya con presencia de la familia, los miembros del gabinete y los medios de información. Antes de salir rumbo al congreso, me reuní con Carlos en la Casa de Gobierno, donde estuvo presente Miguel Limón, secretario de Educación Pública, quien asistió en representación del presidente Ernesto Zedillo. Durante la ceremonia formal mis hijos me dieron la sorpresa de subir al presidium con varios regalos; entre los regalos se encontraba un Cristo. Era tanta la gente y tanto el calor que hacía en el recinto, que Rodrigo, mi hijo menor, con la naturalidad propia de su edad, tomó uno de los vasos con agua que había en la mesa de honor y se lo empinó completito hasta el fondo y mero enfrente del micrófono. Me robó cámara el chiquillo.

Los días previos a la ceremonia dediqué buena parte de mi tiempo a leer la primera Constitución Política de Guanajuato, publicada en 1826. Si algo me ha calado hondo, si algo ha reforzado mi deseo de luchar para que México sea un país a la altura que todos deseamos, una patria ordenada y generosa, fue aquella lectura. Años después de esa ceremonia, sigue sorprendiéndome la visión de aquellos hombres, ciudadanos y compatriotas. Si al menos durante los más de ciento setenta años transcurridos desde aquel entonces, se hubiera aplicado la filosofía y las leyes que quedaron plasmadas en esa Carta Magna, otro gallo nos cantaría a finales del siglo XX. Es impresionante que en el siglo XIX, el combate a la desigualdad y los privilegios ya estuvieran expresados en el preámbulo de la Constitución.

> La santa máxima de la igualdad ante la ley, será en adelante la base de nuestra gloria y de nuestra dicha [...] En vano, sí, en vano se tendrán todos los beneficios, si nunca se disfrutan con la paz del alma y el gozo de la quietud, que es el dulce fruto de la seguridad. El que vive temeroso de su destino, que a cada paso tiembla por la suerte de su persona, y que cree verse víctima de la intriga o la perversidad, jamás podrá vivir contento y feliz: el curso de sus días es emponzoñado con amarguras, y sus mismos placeres son alterados por las horribles incertidumbres y los negros recelos. Tan grave mal está ya muy lejos de ustedes: el que obre bien, el que obedezca la ley y sea justo, tendrá la idea consoladora de su fortuna, y de que, lejos de hallarse expuesto a los tiros sangrientos del perverso o del opresor, la ley lo custodiará y le protegerá.

Ésa era, ni más ni menos, la máxima de aquellos ejemplares legisladores, que puede sintetizarse en una combinación equilibrada "del poder con la justicia, de la fuerza con la ley y de la libertad con la obediencia".

¡Esto pudo haber tenido efectos más que benéficos en nuestro país!, el modelo político que entonces se apuntó significaba un freno al futuro autoritarismo presidencialista que desde hace setenta años nos ahoga a los mexicanos.

Para ellos era muy claro que "el mecanismo con el que se logra un buen régimen de las repúblicas" es la separación de poderes, pues "reunidos los tres poderes forman un torrente que todo lo devasta, sin embargo, cuando actúan por separado son mansos arroyos que fecundan y fertilizan". En esa primera Carta Magna,

> la facultad de dar las leyes se confía en una asamblea de ciudadanos que merecen el sufragio de la multitud; su número y su duración periódica los pone lejos de poder oprimir; si abusan de su cargo, si faltan a la fe que prometen, de manera breve serían remplazados por sujetos dignos del aprecio común [...]

Ya desde entonces se ponía freno a los abusos del poder:

> El poder ejecutivo, temible por su influencia y su carácter, se ha revestido de toda potestad necesaria para obrar con celeridad, energía y vigor, y es detenido en sus empresas ambiciosas o adelantadas [...] En fin, sus manos son poderosas y fuertes para el bien y están débiles y atadas para el mal [...]

> El recto equilibrio se introdujo en el poder judicial, porque

esa autoridad temible que dispone de las vidas y las fortunas, se encuentra constituida en la feliz impotencia de proteger los delitos y paliar las usurpaciones. Colocado bajo el poder inflexible de la ley, será justo, porque no puede ser perverso; aplicará la ley sin prevaricar y castigará sin oprimir.

En esta época de grandes contratiempos y de grandes batallas, la exhortación final nos viene a todos los mexicanos como anillo al dedo:

> [...] cumplamos con los deberes que nos impone el pacto sagrado que nos une. Somos miembros de una gran familia y tenemos la obligación de engrandecerla con nuestro patriotismo y nuestras virtudes. Los vicios que se generan con la desunión y el egoísmo, desaparecen frente al eco sonoro y a los acentos gratos de la fraternidad, de la paz y la concordia. Sirva esta carta como base sagrada que sostenga la libertad y el poder de un pueblo heroico, que si supo sufrir los males y soportar la muerte por los derechos caros que le usurpaba la tiranía, sabrá también mantener con su sabia conducta el majestuoso título de "libre", y los epítetos gloriosos de "feliz", "ilustrado" y "justo".

Estas palabras, que ahora reproduzco en forma textual, me imprimieron fuerza y aliento a la hora de tomar posesión como gobernador de Guanajuato. Ante los miembros del congreso confirmé mi convicción sobre la estricta división de poderes. La existencia de tres poderes, cada uno con responsabilidades particulares, permite un ejercicio equilibrado pero también la complementariedad; tan malo sería el sometimiento de un poder a otro, la usurpación de funciones y las alianzas indebidas, como los enfrentamientos sistemáticos y las pugnas por el poder. El ciudadano terminaría siendo el único afectado en cualquiera de estos dos escenarios.

Ante los guanajuatenses reiteré entonces mi compromiso con una de las columnas vertebrales de mi gobierno: la educación, el primer beneficio que los ciudadanos deberían esperar de sus representantes y la mejor forma de desarrollar individuos amantes de la nación y útiles al estado. Aprovechando la presencia del titular de la SEP, reiteré la urgencia de acelerar el fortalecimiento educativo, proceso que involucra a alumnos, maestros y padres de familia, a fin de elevar la formación de nuestros niños y jóvenes a altos grados de excelencia y escolaridad.

Por la noche, y tras las ceremonias en el congreso y el auditorio, tuvimos una cena que logró reunir a un elenco muy interesante en el mundo de la política: Porfirio Muñoz Ledo, con quien contendí por la gubernatura en 1991 y respaldó nuestras denuncias sobre el fraude perpetrado por el sistema; Manuel Camacho Solís; Alberto Cárdenas, que tenía poco tiempo de haber sido electo como gobernador; Ernesto Ruffo y Pancho Barrio. En mi primer día como gobernador tuve una comida con Peres Simón, director de Teléfonos de México. Sus colaboradores llamaron a mi oficina por lo menos unas diez veces preguntando cómo iba a ir vestido. El pobre hombre tuvo que traer en la cajuela del carro un traje y una corbata, por aquello de que se me ocurriera vestir formal.

Desde que llegué al gobierno me puse a trabajar. Lo primero era planear la distribución de los tiempos personales, la agenda con los funcionarios y la composición de la rutina semanal. En toda mi vida profesional he seguido la práctica de sostener una reunión de trabajo todos los lunes con mis colaboradores. En mi quehacer profesional he procurado delegar y aquí no podía ser la excepción: desde el principio dejé muy claro que se delegarían facultades en materia de presupuesto, sobre todo en autoridad y responsabilidades. Aunque rápido se entendió mi forma de trabajar, no faltaron los que venían a pedirme autorización para todo, hasta para las cosas más insignificantes, lo cual me desesperaba. Como gobernador me impuse una regla de oro: cada uno de los miembros de mi equipo tiene que ser experto en su ramo. Puedo citar el caso de José Luis Romero, secretario de Finanzas y un amplio conocedor en la materia; Ricardo Alanís, quien con toda su experiencia en comercio internacional, le imprimió bríos a la Coordinadora de Fomento a las Exportaciones, porque se entiende con los industriales y sabe con exactitud qué hacer para exportar con éxito. Lo único que me interesa y que exijo a mis colaboradores son resultados, lo que hagan para dármelos es su problema, si tratan de rollarme me ponen nervioso y de malas. Reconozco que soy muy poco motivador; si la persona quiere champú de cariño, llorar en mi hombro y hacerme entender lo duro que fue alcanzar la meta, no va a encontrar consuelo porque para hacer su trabajo y dar resultados se le paga un salario. Soy muy diferente a Carlos Medina, quien era más bien apapachador y muy afecto de enviarles notas a sus colaboradores.

  Desde el principio decidimos dar una gran batalla en defensa del federalismo y para impulsar la municipalización. Un mes antes de asumir la gubernatura me entrevisté con el presidente Zedillo y le expuse sin tapujos mi forma de pensar en esta materia. Lejos del típico saludo y la pérdida de tiempo en tonterías, fui directo al grano. Le avisé que no cedería ni un ápice en mi lucha por lograr una verdadera descentralización en el ramo agropecuario, del agua, los servicios de salud y los programas de Solidaridad, instrumentos indispensables para gobernar una entidad, del tamaño que sea. De esa reunión, surgió el primer compromiso serio y firme de parte de Zedillo para que el gobierno federal acordara con el estatal la descentralización de estas actividades. Sin embargo, el avance es muy pequeño todavía. La reunión no duró más de 45 minutos, aunque se dio en buenos términos. A pesar de que el presidente no sacó a la mesa ningún tema específico, sí manifestó su confianza para que no se repitiera el distanciamiento que se dio con Carlos Medina Plascencia, a raíz de un debate que sostuvo con Francisco Labastida, cuando era titular de la Secretaría de Agricultura y Recursos Hidráulicos, por un asunto de granos. En esa ocasión, se publicó un desplegado dirigido a la opinión pública acusando al gobierno federal de ineficaz.

Con los gobiernos municipales, tomé la decisión de mantener un trato directo, transfiriéndoles el mayor número de responsabilidades, a la mayor velocidad posible. Como gobierno estatal ejercimos la municipalización y, al final del primer año, la labor ya estaba prácticamente concluida; aunque con el gobierno federal no tuvimos la misma suerte.

Desde que ingresé al mundo de la política, tengo muy presentes los recuerdos de mi infancia y mi convivencia con los hijos de los campesinos cuando no existían diferencias. La diferencia se dio cuando pude ir a la escuela y a la universidad, mientras que muchos de ellos tuvieron que emigrar al Distrito Federal o a Estados Unidos para buscar una forma de subsistir. Las diferencias no radican en el color de la piel o en la estatura, sino en la falta de oportunidades. El programa de gobierno de Guanajuato lo basé precisamente en el postulado de "crear oportunidades para todos". Con mi equipo de trabajo establecí cinco grandes retos de gobierno que iban encaminados hacia esta máxima.

Primer reto: desarrollo económico

Para aspirar a cualquier oportunidad es fundamental contar con recursos. De ahí que se deba procurar antes que otra cosa, generación de riqueza suficiente para un desarrollo sustentable y competitivo a nivel mundial. Mi gobierno se planteó como estrategias a seguir:

1. Potenciar y ampliar los recursos humanos, naturales y financieros para el desarrollo del estado.
2. Instrumentar una política estatal de impulso, crecimiento y desarrollo económico integral y sustentable.
3. Vincular a Guanajuato con las corrientes de comercio exterior e inversión extranjera.
4. Desarrollar alternativas en el campo, impulsando al sector agropecuario para convertir a Guanajuato en líder agroindustrial.
5. Distinguir al estado por su infraestructura moderna, suficiente y eficiente.
6. Impulsar la cultura ecológica para preservar, restaurar y mantener el equilibrio ambiental.
7. Planear el desarrollo urbano en armonía con el impulso económico y regional.
8. Crear la cultura del agua.

Planteé objetivos muy claros que debíamos cumplir. Consideré fundamental que la actividad productiva del estado crezca a un ritmo superior al de la media nacional. En los primeros tres años de mi administración, impulsamos la creación de 25,000 empleos directos en los sectores industrial, comercial y minero. Para aquellos que critican mis viajes al exterior, puedo informarles que logramos que inversionistas nacionales y extranjeros elijan a Guanajuato para establecer o ampliar sus empresas. De 1995 a 1998 se concretaron 172 proyectos productivos con una inversión de 1,339 millones de dólares. Y no sólo eso, de junio de 1997 a mayo de 1998 se impulsó la participación de 232 artesanos en 15 actividades nacionales logrando ventas por 6,341,000 pesos y generando 317 empleos. Dieciocho artesanos participaron en cuatro actividades en Estados Unidos y España, donde vendieron poco más de 889,000 pesos y generaron 136 empleos.

Segundo reto: desarrollo social

Al mismo tiempo que se consolida la economía, se debe procurar que ese fortalecimiento se refleje en los servicios que recibe el ciudadano, principalmente en materia de salud. Buscamos un desarrollo equilibrado, equitativo y participativo, en donde la prioridad sean los guanajuatenses.

¿Qué metas se fijó el gobierno?

1. Desarrollar al estado, brindando más y mejores servicios de salud, educación y vivienda. Que los ciudadanos tengan acceso a la cultura y el esparcimiento. Combatir la pobreza extrema y promover la participación de la sociedad en las acciones de gobierno.

2. Fomentar el establecimiento de nuevas empresas, particularmente en las regiones que más lo necesitan; dotar de servicios básicos como agua, drenaje y luz, especialmente a las comunidades menos favorecidas.

¿Qué estrategias se plantearon?

a) Fortalecer la participación organizada de la sociedad en la conducción del desarrollo.

b) Administrar estratégicamente el desarrollo del estado.

c) Instrumentar una política integral de desarrollo social, clara y agresiva.

d) Ampliar la calidad y cobertura de los servicios básicos.

e) Privilegiar de manera clara la atención a la población en mayor desventaja económica y social.

f) Instrumentar un modelo de atención para la salud.

g) Vincular acciones de cultura, juventud y deporte para prevenir conductas antisociales.

h) Impulsar el desarrollo regional en áreas prioritarias.

i) Armonizar el crecimiento y la distribución territorial de la población.

Estoy convencido de que la pobreza es un mal evitable. Diga lo que diga Esteban Moctezuma y la Secretaría de Desarrollo Social (SEDESOL), durante estos años todos nuestros esfuerzos se concentraron en abatir la marginación y generar oportunidades para incluir a los excluidos del desarrollo. Con el objetivo de que las familias campesinas mejoren sus condiciones de vida, durante 1998 se dotó de agua a 439 comunidades; de energía eléctrica, a 258, y caminos a otras 409. En los últimos tres años, la cobertura para 4,200 comunidades rurales del estado creció 88.9% en energía eléctrica, 74% en el servicio de agua potable y 92.4% en caminos rurales. Guanajuato fue el primer estado de la república en tratar de asegurar una sana alimentación a sus niños, al instrumentar el Programa de Harina de Maíz Enriquecida. Este programa está respaldado por la UNICEF y empresas como MASECA y BANAMEX. Consiste en distribuir, en una primera etapa, un kilogramo diario de la harina de maíz enriquecida con nutrientes a 3,931 familias en extrema pobreza. Con esta acción se beneficia a 14,608 personas en seis municipios de la zona noroeste del estado.

Tercer reto: transformación educativa

La educación fue la columna vertebral de mi gobierno. Planteé:

1. Elevar la escolaridad promedio; ampliar la oferta educativa en los niveles medio y medio superior; garantizar la educación básica; instrumentar un modelo educativo dinámico y flexible.

2. Fortalecer la unidad y la identidad de los guanajuatenses; impulsar la creatividad, el espíritu emprendedor y el trabajo en equipo. Propiciar el desarrollo integral de los docentes y alentar la participación educativa de los medios masivos de información y de la sociedad.

La estrategia a seguir fue muy clara:

a) Diseñar e instrumentar un modelo educativo dinámico y flexible.

b) Garantizar los servicios educativos, con equidad, a todos los guanajuatenses.

c) Mejorar la calidad de los servicios educativos en todos los niveles. Hacerlos competitivos a nivel regional, nacional e internacional.

d) Mejorar la estrategia educativa.

e) Impulsar en forma permanente el desarrollo integral de los docentes.

f) Alentar la participación educativa de los medios masivos de informaciónn y de la sociedad.

g) Impulsar las culturas populares y las artes.

En Guanajuato se ha buscado promover desde la escuela la participación social en programas de mejoramiento comunitario; elevar la escolaridad promedio y ampliar la cobertura; reducir los niveles de reprobación; incrementar la eficiencia terminal y procurar un alto rendimiento del gasto educativo, así como disminuir sustancialmente el índice de analfabetismo. Se planteó desarrollar sistemas de educación remota para abarcar a todas las regiones del estado y garantizar la educación básica a los guanajuatenses a fin de que gocen de igualdad en las oportunidades.

La educación es la prioridad número uno en Guanajuato. Por este motivo se le asignó 57% del presupuesto total, es decir, 4,077 millones de pesos para que cada niño y cada joven tengan la oportunidad de estudiar. Cuatro años despues, prácticamente se duplicó el presupuesto en este ramo.

Cuarto reto: Estado de derecho

De nada sirve la prosperidad y el desarrollo de una nación, un estado o un individuo, si no existen las condiciones para disfrutar de ella. Es fundamental asegurarle al individuo seguridad, justicia, convivencia, participación y paz social, para luego hablar de bienestar y desarrollo integral.

Los objetivos de este cuarto reto fueron:

1. Desarrollar un marco jurídico acorde con las condiciones actuales, para que la autoridad y los ciudadanos se conduzcan con legalidad, transparencia y honestidad.

2. Lograr una coordinación y una autonomía real entre los tres poderes, que sea la base de la legalidad, la fortaleza y la soberanía del estado.

3. Involucrar a la sociedad en las acciones del gobierno para construir un régimen de convivencia social, normado por el derecho y la justicia.

Las estrategias a seguir han sido:

a) Mejorar la procuración e impartición de justicia, en un marco de auténtica separación y coordinación de poderes.

b) Adecuar la normatividad jurídica a las necesidades sociales.

c) Profesionalizar a los servidores públicos en las áreas de prevención, procuración, impartición de justicia y rehabilitación.

d) Promover la participación e interacción ciudadana para vigilar la forma y la calidad de los servicios de seguridad.

e) Establecer las bases que permitan la coordinación efectiva de todos los cuerpos de seguridad en el estado.

La demanda ciudadana obliga a ejercer una batalla frontal contra la delincuencia. Gracias a la participación de los distintos niveles de gobierno y la sociedad, en los últimos tres años el índice de criminalidad presentó un comportamiento a la baja. Hasta mayo de 1999, la comisión de delitos por cada mil habitantes bajó a 0.95.

Quinto reto: buen gobierno

Los cuatro retos anteriores son inviables si no se cumple permanentemente con este quinto reto. Se debe forjar un buen gobierno, competitivo, transparente, honesto, participativo, proactivo, que trabaje mejor, cueste menos y genere mayores beneficios a la sociedad.

Los objetivos que se plantearon para este quinto reto fueron:

1. Modernizar la administración pública a través de una reingeniería que eficientice todo el aparato y se haga más con menos.

2. Integrar a la sociedad en las decisiones de gobierno a través de una Gran Alianza.

3. Lograr que cada servidor público tenga un decidido compromiso con la sociedad.

4. Promover una relación más estrecha y equitativa de los tres niveles de gobierno.

5. Fortalecer a los municipios mediante la municipalización y la federalización para ofrecer mejores servicios.

6. Impulsar y consolidar los consejos de planeación municipal y estatal.

Se estableció la siguiente estrategia:

a) Generar una gran alianza hacia el interior para que todos compartan la visión, luchen por ella y tengan el valor de reorganizar la vida de nuestro estado.

b) Crear un modelo de administración pública humanista, orientado a resultados que beneficien al estado.

c) Fortalecer la municipalización.

d) Ser un estado pionero en el proceso de federalización.

e) Generar, integrar y difundir información para la toma de decisiones.

f) Instrumentar acciones de profunda simplificación administrativa y legal en los proceso relacionados con la tarea de gobernar.

En los años de mi gobierno, 61% del gasto programable se canalizó al rubro educativo; 17% al social; 10% al núcleo político y jurídico; 8% al económico; y 3% para el ramo de servicios.

Con el planteamiento y puesta en práctica de estos cinco grandes retos, mi gobierno se propuso atacar los problemas del estado por todos los flancos posibles, además de impulsar el desarrollo y crecimiento de la entidad. Siguiendo esta lógica, tomé la decisión de reacomodar al gobierno en cinco nodos o núcleos de trabajo a los que se integraron las diferentes dependencias y secretarías:

Desarrollo económico

- Coordinación de Planeación Económica
- Secretaría de Desarrollo Económico
- Coordinación de Fomento al Comercio Exterior
- Secretaría de Desarrollo Urbano y Obras Públicas
- Secretaría de Desarrollo Agropecuario y Rural

Nuevos organismos gubernamentales:
- Sistema Estatal de Información
- Centro de Información Guanajuato
- Consejo de Ciencia y Tecnología
- Instituto Estatal de Ecología
- Procuraduría del Medio Ambiente
- Instituto de la Mujer

Desarrollo social

- Secretaría de Salud
- Coordinación General para el Desarrollo Regional
- Comisión Estatal del Agua y Saneamiento
- Desarrollo Integral de la Familia
- Consejo Guanajuatense de la Juventud y del Deporte
- Consejo Estatal de Población
- Instituto de la Vivienda del Estado de Guanajuato
- Subsecretaría de Desarrollo Rural

Transformación educativa

- Secretaría de Educación de Guanajuato
- Instituto de la Cultura
- Universidad Tecnológica del Norte de Guanajuato

- Universidad Tecnológica de León
- Instituto de Capacitación para el Trabajo del Estado de Guanajuato
- Colegio de Estudios Científicos y Tecnológicos

Nuevos organismos gubernamentales:
- Centro Interuniversitario del Conocimiento
- Instituto de Educación Permanente

Estado de derecho

- Procuraduría General de Justicia del Estado de Guanajuato
- Secretaría de Gobierno

Buen gobierno

- Coordinación de Asesores en Desarrollo Gubernamental
- Coordinación de Comunicación Social de Gobierno del Estado
- Secretaría de la Contraloría
- Secretaría Particular
- Secretaría de Planeación y Finanzas

En el nodo de desarrollo económico, por ejemplo, todos los que ahí laboran saben que su única tarea es generar empleos y oportunidades para todos los ciudadanos. En el núcleo de desarrollo social, por citar otro caso, la labor está enfocada en incluir a los excluidos de la sociedad, dándoles oportunidades para acceder a la escuela media superior y superior. Lo mismo ocurre con el acceso al crédito y el financiamiento, o bien, a servicios de salud. Son alrededor de 1,500 funcionarios públicos encargados de identificar y apoyar a todos aquellos que no tienen oportunidades.

En el núcleo de seguridad y justicia el gobierno dedicó toda su labor a mantener la paz y la tranquilidad del estado. Frente al hampa organizada impulsamos la capacitación y el desarrollo del personal de los cuerpos de seguridad, fomentando ante todo la honestidad y el espíritu de servicio. Las policías judiciales de los estados deben contar con elementos especializados en algunas de las áreas de combate al delito, como la detección y recuperación de autos robados, la prevención y el manejo de secuestros. Pero sin lugar a dudas, la mejor manera de evitar la proliferación de delitos es mediante la participación social para crear una cultura de prevención desde el seno familiar. Las procuradurías de justicia de los estados debieran realizar reuniones periódicas con grupos representativos de la sociedad y los padres de familia en colonias populares. Uno de los renglones prioritarios que se deben impulsar contra de la delincuencia organizada, es la coordinación de esfuerzos entre las distintas instancias encargadas de la seguridad. Es conveniente crear consejos estatales de seguridad pública, cuyos trabajos permitan disminuir la frecuencia de algunos delitos como el robo de vehículos, los secuestros y los asaltos bancarios.

Un año después de haber asumido la gubernatura de Guanajuato, en 1996, di a conocer el Plan Básico de Gobierno 2000, que planteaba las siguientes metas:

1. Construir una gran alianza entre el gobierno y los sectores productivos, que dé como resultado el fortalecimiento de las empresas a través de la productividad, la tecnología y la competitividad. En Guanajuato, ningún emprendedor con ideas interesantes, pero sobre todo viables, carece de los apoyos necesarios para llevarlas a cabo.

2. Generar nuestro propio ahorro interno, público y privado, para destinar recursos al fortalecimiento de nuestros insti-

tutos de atención social, al desarrollo de la industria y el campo, así como a la construcción de obra pública con alto contenido social. Hoy día Guanajuato cuenta con un Sistema Estatal de Financiamiento al Desarrollo, único en el país, que tiene como meta buscar alternativas viables y novedosas para atraer inversión.

3. Crear más empleos y salarios justos. La promoción de las exportaciones y la inversión, complementan el esfuerzo de los inversionistas locales, mientras que potenciar el impacto del turismo y alentar el autoempleo permite apoyar a las regiones marginadas. En una economía fuerte y competitiva a nivel internacional, se da mayor valor al trabajo mejor remunerado que brinda seguridad a las familias. Afortunadamente, ya se está generando una nueva cultura empresarial y una cultura de trabajo basada en el esfuerzo, la calidad y la productividad.

4. Sentar las bases para un desarrollo sustentable a través de una nueva relación entre la actividad económica, la naturaleza, la infraestructura y la información oportuna y confiable.

Apertura total

Estoy convencido de que, como gobierno, debes estar abierto a imitar estrategias y acciones emprendidas en municipios exitosos, no sólo en los de gobierno panista, sino también de varios priístas que, según dicen, han logrado avances considerables en materia de seguridad pública, por citar un ejemplo.

Pero también se debe aprender del exterior. En Guanajuato se analizó el proyecto exportador chileno, el sistema de indicadores que utilizan en Oregon, Estados Unidos, así como la estructura de la Coordinadora de Fomento a las Exportaciones de Valencia, España. Y como gobierno también nos dedicamos a estudiar al servicio británico de Scotland Yard, a fin de conocer y aprender sobre su sistema de policía inteligente y sin arma; este concepto se maneja ya a nivel municipal. El director de la Policía Judicial del Estado viajó a Colombia para especializarse en el combate a los secuestros. Todo funcionario público de Guanajuato bien supo que mi línea es "inventen y cambien" para dar respuesta a las exigencias del ciudadano. En mi gobierno no hubo cotos de poder y mucho menos límites. El organigrama no existe y para eso se cuenta con mecanismos y candados suficientes para evitar la corrupción.

Debo reconocer que cuando la oposición asume el poder, se enfrenta al problema de convencer y aumentar los votos con los que alcanzó el triunfo. Durante las campañas se generan entre la población altísimas expectativas, y es muy difícil responder a tus electores. Y no sólo eso, te enfrentas con los que desplazaste del poder y que ahora son oposición. Somos testigos de cómo se maquinan feroces embestidas para desacreditar y desgastar al nuevo gobierno. Aunque duela reconocerlo, tenemos que enfrentarnos a la inexperiencia y falta de madurez; si entras con 40% de los votos, al final del primer año ya vas como por 25%. Lo importante es tocar fondo, encontrar tu punto más bajo y a partir de ahí empezar a reconstruir. A Medina Plascencia le tocó la parte de picar piedra, a mí la parte de subida, y por eso no tuve ni excusa ni pretexto.

Con Cuauhtémoc Cárdenas se repitió la película de manera idéntica. Los tiempos tan difíciles que vivía, y vive hasta la fecha, el Distrito Federal, provocaron que el ciudadano estuviera dispuesto a apoyar a cualquier "mesías" que le diera una esperanza. Durante su campaña, Cárdenas generó entre los capitalinos grandes expectativas y hoy no hay más que desencanto. De estos ejercicios democráticos se desprende una importante lección para los electores: aunque sea muy fuerte el deseo de cambio, se debe tener cuidado con quién buscarlo. No puedes aferrarte a la primera opción que te caiga enfrente. En el PRD nunca se han planteado la tarea de generar riqueza, orden y desarrollo; en su seno únicamente prevalecen la utopía y el idealismo.

A base de aciertos y equivocaciones, el PAN ha logrado dominar un poco esta situación. Si sabemos que va a entrar un nuevo alcalde de extracción panista, tratamos de quitarle lo novato desde antes y le avisamos dónde lo pueden madrear para que prepare su estrategia de comunicación. En su carácter de alcalde, a Carlos Medina le tomó año y medio estar bien sentado en la silla y con las riendas en la mano, hoy a un alcalde panista sólo le toma medio año de desgaste y de acomodos.

La incursión de personas como Barrio, Ruffo y yo mismo a la política es cada vez más frecuente. Recomendar qué no hacer me parece incorrecto, salvo que las personas salgan de todo contexto ético o moral. Lo importante es estar en la arena y actuar, ya sea cometiendo errores o aciertos, porque eso forma parte de tu desarrollo y tu aportación al quehacer de la política. Hay que intentarlo todo, sobre todo en un país donde las cosas no han ido bien por treinta años. A todos los secretarios de gobierno siempre les dije que prueben cosas, que cometan errores y, sobre todo, rompan paradigmas.

Pero si pretendiera dar consejo, pienso que serían por lo menos siete distintas recomendaciones:

1. Cuestionar todo y no dar por sentado nada. Las actuales prácticas han fracasado; setenta años de no innovar y cuestionar nos han orillado a estructuras totalmente anquilosadas, grandes áreas de gobierno donde ni los propios empleados te pueden explicar a qué se dedican.

2. Descentralizar es la única forma de gobernar. El poder siempre se ha concentrado en la figura del presidente municipal,

del gobernador o del presidente de la República. El poder y, por supuesto, las responsabilidades tienen que compartirse.

3. No escuchar a los aduladores y lambiscones. Es una práctica terrible del burócrata y del funcionario público enaltecer al de arriba.

4. Mantener una organización orientada a resultados. El tiempo es un factor vital y hay que ser, por tanto, muy exigentes para resolver las cosas en el momento preciso.

5. Planear a partir de la realidad, el escenario y las expectativas del ciudadano. Para eso se requiere una gran oreja, en cada conversación pueden surgir líneas estratégicas y planes de gobierno, pero mucho depende de la capacidad de escuchar.

6. No estar demasiado tiempo en el escritorio. Las cosas suceden en la calle, en los ejidos, en los ranchos y en las fábricas, ahí es donde debes estar y donde se definirán líneas estratégicas de desarrollo regional. No necesitas economistas de escritorio ni mamilas de Harvard o del Tecnológico de Massachusetts para caminar como país, lo que se requiere es mucha lógica para lograr un gobierno eficaz, que haga rendir el presupuesto y que dé respuesta rápida.

7. Es indispensable el cariño y la convicción de calidad total en todo lo que hagas.

"El sacrosanto patrón de Los Pinos":
Grandes mitos de la herencia revolucionaria

En México hemos sido testigos de la incubación y desarrollo de grandes mitos y tabúes que durante setenta años sirvieron de "guía" para la conducción del desarrollo económico y político del país. Pero hoy, más que una guía, representan un lastre y un obstáculo para ingresar al nuevo milenio. El principal de esos grandes mitos es, sin duda, nuestra propia Revolución.

No podemos negar que el gobierno de Porfirio Díaz trajo un progreso material de dimensiones nunca antes vistas en el país. Logró fortalecer al comercio, creó las primeras industrias modernas y la infraestructura ferroviaria que hoy todavía utiliza el país. Los sangrientos enconos y las feroces pugnas entre liberales y conservadores fueron sustituidos por la "paz porfiriana", pero la miseria seguía ahí. La explotación de los campesinos y obreros era brutal.

Hacia finales del siglo XIX surgió una corriente de pensamiento que, a la postre, cobraría gran fuerza en lo social y despuntaría en lo político. Fue un movimiento cívico y político basado en la doctrina social de la Iglesia, que hundió sus raíces en diversas regiones del país y desarrolló organizaciones obreras, femeninas, campesinas, estudiantiles, cajas de ahorro y hasta un partido político. Sin embargo, concluida la Revolución y la lucha cristera, el movimiento sucumbió.

La historia nos demuestra que la concentración del poder en una sola mano deteriora todo a su alrededor. La paz porfiriana se convirtió en una dictadura que no aceptaba la crítica y hacía valer su voluntad a toda costa. Ésa, y muchas razones más, prendieron la mecha que desencadenó la gesta democrática de Madero y la Revolución con sus luchas reinvindicativas, justas, sublimes, pero también con sus grupos, intereses y traiciones.

Sin duda la mexicana fue una revolución de vanguardia. Fuimos de los primeros países en iniciar una profunda transformación de sus estructuras sociales y políticas, al pasar de gobiernos autoritarios a democráticos, de sociedades eminentemente rurales a industriales. La lucha armada dio paso a nuevas reglas políticas que han prevalecido a lo largo del tiempo, como el sufragio efectivo, la no reelección, la conformación de una República federal y municipalista. Fue sin duda una sacudida a las entrañas del andamiaje social; sacudió y despertó a personas que se mantenían totalmente aisladas del conocimiento y la educación. Si analizamos desde esta perspectiva la lucha armada de 1910, podemos afirmar que fue de gran utilidad. Desgraciadamente todo lo que al principio significó vanguardia y un proyecto de nación, cayó por tierra cuando el ganador asumió el poder. Aunque con otros nombres y apellidos, el país regresó a la dictadura y al monopolio del poder que supuestamente había derrocado. Se olvidaron los compromisos y las ideas fundamentales que dieron lugar a la Revolución y que fueron plasmadas por el Constituyente de 1917.

Plutarco Elías Calles inició la mitificación revolucionaria, creando una serie de estructuras corporativas ligadas al poder y al propio partido oficial con el único objetivo de garantizar el monopolio del poder. Después, con la presidencia de Lázaro Cárdenas, se impulsó el ejido, la distribución de la tierra y la nacionalización del petróleo que, aunque en su momento contaron con sustento social y político, así como con la mejor de las intenciones, su mala aplicación las condujo directo al fracaso.

El ejido fue un acto casi sublime del paternalismo, la prepotencia y el control del poder construido a fuerza de propaganda e insistencia. Emiliano Zapata jamás habló de la tenencia de la tierra en forma ejidal, lo que exigía era que la tierra estuviera en manos de los campesinos. Aunque estoy de acuerdo con que el sistema ejidal respondió a una necesidad de equidad y justicia, jamás debió ser respuesta a un control gubernamental. Los que abogan por la justicia y la equidad deberían estar luchando porque la tierra estuviera en manos de los campesinos, eso sí significaría respetar su libertad. El Estado no puede ser el propietario de la tierra y únicamente "concederla" a los campesinos para su explotación. El tiempo terminó por darnos la razón.

El mito cayó estrepitosamente cuando la realidad demostró que esos mismos campesinos continuaban igual de pobres o, incluso, estaban peor que al inicio de la lucha armada. En las esferas del poder faltó el talento necesario para actualizar esas ideas a un nuevo proyecto de nación, los gobernantes no fueron capaces de controlar a los monstruos que ellos mismos crearon: los caciques, los comisarios ejidales, la propia Confederación Nacional Campesina y los presidentes agraristas. Ellos fueron los que acabaron con el ejido. Deberíamos preguntarnos cómo es posible que después de sesenta años de haber "concretado" una reforma agraria el campo siga sumido en la miseria, la improductividad y el atraso tecnológico. Por eso sostengo que el ejido no hizo más que truncar toda posibilidad de desarrollo agropecuario del país. No estoy en contra de las reformas, todo lo contrario, pero éstas deben estar bien manejadas y sin caciques de por medio. En estos tiempos de globalización México debe ser capaz de lograr la transformación productiva del sector agropecuario, para que sea un negocio verdaderamente rentable. Los apoyos gubernamentales deben destinarse a la introducción de tecnología, a la mejora del ganado y al desarrollo de la infraestructura indispensable para operar.

Como movimiento social la Revolución mexicana fue inevitable; fueron los generalotes los que terminaron con ella y sus legítimas banderas tan sólo cinco años después de concluir la etapa armada y con millones de muertos en sus espaldas. La ambición y el poder desmedido que caracterizó a los líderes que encabezaron el proyecto revolucionario tras la muerte de Venustiano Carranza terminaron con toda posibilidad de democracia. Desde la fundación del sistema político mexicano, a la sociedad se le encerró en los estrechos márgenes del corporativismo.

Aunque México siempre se ha caracterizado por ser un país con aspiraciones democráticas, en la práctica no hemos corrido con mucha suerte. La política se ha desenvuelto entre gobiernos autoritarios; el origen del autoritarismo mexicano parte de la propia conformación del sistema político. Fruto de los "arreglos" a que llegaron las diferentes fracciones revolucionarias, se exaltó sin medida la figura presidencial. Se inhibió cualquier desarrollo democrático y el gobierno federal centralizó todas las decisiones. En las manos del "señor presidente" recayó todo el poder, concentró amplias facultades constitucionales y extraconstitucionales que lo llevaron a ser jefe de Estado y jefe de Gobierno, pero también árbitro supremo de la política nacional y jefe máximo del "Partido de la Revolución".

El presidente de la República es el único que decide por dónde debe caminar la política económica; según su voluntad hemos transitado del estatismo al liberalismo. Ha sido el encargado de fijar las políticas fiscales y de gasto público, además de decidir libremente sobre el monto de recursos que se destinan a los estados y los municipios. Gracias a la autoridad que ejerce en el PRI palomea a los aspirantes a diputaciones, senadurías, gubernaturas y hasta presidencias municipales. No por nada nuestro sistema político ha sido caracterizado acertadamente como una monarquía sexenal, en que el rey, el dedo supremo, es quien ocupa cada seis años el Palacio Nacional.

Al romper con el "Jefe Máximo de la Revolución", Cárdenas impulsó desde la Presidencia la transformación del Partido Nacional Revolucionario (PNR) en el Partido de la Revolución Mexicana (PRM), los antecesores del actual PRI. Si algo los caracterizó fue la inclusión forzosa de los trabajadores, burócratas, campesinos y sectores populares si es que querían conservar su empleo o beneficiarse de los programas sociales. El partido de Estado era el único camino que existía para poder ocupar un puesto en la administración pública o en la política y el propio PRI se congratulaba de contar con un número de militantes superior al del Partido Comunista de la Unión Soviética.

Pero en los albores del siglo XXI el corporativismo de los partidos de Estado es totalmente obsoleto. Desgraciadamente muchas organizaciones oficialistas, como los sindicatos de obreros y campesinos, conservan en sus estatutos las cláusulas que obligan a sus agremiados a pertenecer al PRI. Eso es una flagrante violación de los derechos humanos y políticos. Pero no sólo se hace uso de mecanismos corporativos para controlar a la sociedad y a los mexicanos. Se recurre, además, a otros métodos de control político.

A las clases populares se les ha controlado a través de dádivas como la posibilidad de contar con tortillas o leche barata, drenaje y luz —se tiene acceso a servicios básicos mediante su incorporación a grupos que dirigen líderes del PRI.

A quienes se han atrevido a manifestar su desacuerdo con la clase política se les ha dado el tratamiento de "la zanahoria o el garrote". En otros términos, cooptación e inclusión en la clase política, o represión.

Durante mucho tiempo, estos mecanismos fueron efectivos para mantener la hegemonía política de un solo grupo. Afortunadamente, desde mediados de la década de los ochenta, la situación se ha ido transformando gracias a la madurez y el empuje de la propia sociedad. Ahora la mayor parte de la población vive en las zonas urbanas que poseen mayor educación aunque todavía raquítica, puede conocer con mayor fidelidad lo que sucede en la economía y en la política a través de los medios de información, está consciente de que existen opciones de gobierno muy diferentes a las prácticas dictatoriales del grupo que nos ha regido durante siete décadas.

Hoy en día, al grupo en el poder le resulta cada vez más difícil mantener el control corporativo de la sociedad. Esta situación, que desembocó en una gran emergencia ciudadana, trajo consigo el surgimiento de un gran número de organizaciones sociales independientes que luchan por una vivienda digna, por el respeto a los derechos humanos, por el cuidado de la naturaleza, por la defensa del empleo y del salario, por la dotación de servicios públicos, etcétera. Estas han alcanzado tal grado de madurez que ya no se conforman con ser grupos que luchan por demandas específicas, sino que se interesan en la economía, en la política y en el desarrollo social; demandan ser tomadas en cuenta para la elaboración y puesta en marcha de las políticas públicas. No es raro que exista un número cada vez mayor de organizaciones sociales que vigilan el comportamiento de los políticos y de los partidos, que están pendientes del desarrollo de los procesos electorales y que, incluso de manera independiente, realizan consultas públicas sobre los temas de la agenda nacional y presentan propuestas de desarrollo económico, político y social dignas de tomarse en cuenta.

No es extraño tampoco que organizaciones civiles internacionales estén pendientes de lo que sucede en México. Cada vez es mayor el número de observadores que fiscalizan los procesos electorales, así como el respeto y promoción de los derechos humanos y políticos. Tampoco nos asombra ya que algunas naciones exijan antes de la firma de acuerdos comerciales la inclusión de las llamadas "cláusulas democráticas". De esta manera, en lo interno y lo externo, se le han ido cerrando poco a poco los márgenes de maniobra al régimen autoritario del país. Lenta, pero inexorablemente, la sociedad mexicana ha ido ganando la batalla.

Pero por desgracia tras caer por tierra el mito de la Revolución mexicana, la mejor bandera que tenía el gobierno y el partido oficial para defender un proyecto de nación, perdimos la brújula. En plena década de los noventa, aún no ha surgido un nuevo planteamiento que llene el vacío que dejaron los ideales revolucionarios. Uno de mis principales anhelos es lograr que los mexicanos dibujen un nuevo proyecto de nación para el siglo XXI, muy distinto al viejo proyecto revolucionario aunque conserve parte de sus piedras filosofales como la justicia y la democracia. Es fundamental analizar qué funcionó y qué no. Es fundamental conocer las razones que originaron ciertas decisiones, para plantear alternativas viables. Estoy convencido de que pueden obtenerse enseñanzas positivas o negativas de cada uno de los presidentes que ha tenido México, aprender de sus errores y de lo que no funcionó.

La presencia de Cuauhtémoc Cárdenas en las elecciones presidenciales del 2000, brindará la posibilidad de sostener un verdadero debate. Será el momento de contraponer su visión de un México estatista y lleno de paradigmas como el petróleo o el ejido, con la de un nuevo México. El electorado podrá elegir entre el regreso al pasado, caracterizado por un presidencialismo dominante, el corporativismo y el paternalismo, o un sistema político moderno y globalizado, que ofrezca una presidencia participativa y un verdadero federalismo, como he propuesto desde que me lancé en esta carrera para obtener la candidatura presidencial. Durante el siglo XX prácticamente todos los países ajustaron sus constituciones, sus estructuras políticas se sacudieron de encima las dictaduras militares, personales y de partido. Pero en México no hemos terminado con el asunto político, de ahí que sea tan importante el proceso electoral del 2000 en el que, por primera vez, es clara la posibilidad de triunfo de la oposición.

¿Es aún vigente nuestra Constitución?

Cuando hablamos de la Revolución mexicana debemos referirnos a la Constitución de 1917, como la expresión jurídica e institucional de la lucha armada, pero que se vio avasallada ante el supremo poder del presidente. La familia revolucionaria convirtió a la Carta Magna en un instrumento útil para el proyecto personal del presidente en turno, a fuerza de adecuarla cada ocho días. Este punto de vista no debe prestarse a malas interpretaciones. La Constitución ha servido de guía para el proyecto nacional; sus principios generales sobre garantías individuales, sistema de gobierno y sufragio efectivo continúan vigentes. Hay voces en el país que se pronuncian por convocar a un nuevo constituyente. En lo personal no comulgo con esas ideas. Nuestra Constitución requiere ajustes, pero su parte toral es inamovible. Considero que la Constitución ha ido demasiado lejos, interviniendo en campos que usualmente corresponden a leyes y normas secundarias; al profundizar demasiado en detalles obliga a estarla modificando constantemente. ¿A qué me refiero? A que atiende a asuntos coyunturales como son la propiedad de la tierra, el ejido o Pemex que, aunque son temas importantes para el país, su vigencia es de tan sólo treinta o cincuenta años.

La Constitución debe dictar principios más generales; las leyes secundarias son las que deben ocuparse de las normas que rijan la convivencia social, el andamiaje político o la estructura económica. No propondría por lo tanto una nueva Constitución, sino una revisión que reduzca su espectro de injerencia y sustituya viejos paradigmas que ya no responden al quehacer de la sociedad mexicana.

Cuando hacemos mención a nuestro sistema jurídico y legal tocamos una fibra muy sensible en todos los mexicanos, por lo deficiente que ha resultado y la impunidad que prevalece en el país. El grado de impunidad que nos rodea es como para ponerle los pelos de punta al más ecuánime.

De acuerdo con información proporcionada por la Secretaría de Gobernación en junio de 1998, en el país se cometen anualmente dos millones quinientos mil crímenes, de los cuales se denuncian tan sólo un millón doscientos cincuenta mil, y sólo se procesan alrededor de ochenta mil denuncias. Gobernación estima que al año únicamente se ejecutan cuarenta mil órdenes de aprehensión y de ese universo, sólo veinte mil involucrados van a dar a prisión. Estamos hablando de que sólo 3% de los crímenes reciben algún tipo de castigo. ¿De dónde se deriva la impunidad? De la ambigüedad de nuestras leyes y de la falta de mecanismos que le permitan a la sociedad combatirla. Una verdadera autonomía de poderes permitiría al país abatir la impunidad que nos está asfixiando.

Cuando se debata la tan anhelada reforma del Estado, necesariamente se tendrá que buscar la fórmula que permita acotar al presidencialismo, pero sin que eso signifique caer en un parlamentarismo que tampoco es la vía adecuada para lograr una conducción equilibrada. ¿Qué pasa cuando el legislativo toma decisiones como reducir el IVA en un momento en que el ejecutivo cuenta con menos ingresos? Pues que contribuye a la crisis económica. ¿Cómo se hace responsable al legislativo de haber cancelado o de haber reducido ese ingreso? En el futuro inmediato seremos testigos del efecto péndulo: pasaremos de un presidencialismo exacerbado a un parlamentarismo. No hay que olvidar que, por primera vez, dejamos atrás la dictadura de partido y empezamos a vivir la democracia y la pluralidad, cuando menos en varios congresos estatales y en el congreso federal.

No hay duda de que estamos inmersos en un proceso de aprendizaje. El PRI tiene que aprender a ser oposición; y los congresos, sean locales o el federal, deben aprender a vivir en la pluralidad para alcanzar consensos mínimos y garantizar que los programas avancen. Es válido que se golpeen hasta con la bacinica, pero al final del día deben ser capaces de alcanzar consensos, por pequeños que sean. No cabe duda de que estamos pagando un alto precio por este aprendizaje, pero vale la pena hacerlo. Negarlo implicaría afirmar que todo marchaba bien y que era correcto que todos lo mexicanos nos dejáramos llevar por lo que dicta la voluntad del "sacrosanto patrón de Los Pinos".

Lo que no podemos permitirnos como país es la inmovilidad y el empantanamiento, la sociedad debe obligar a los congresos a ser responsables y a tomar decisiones. En cualquier país, el diputado siempre regresa a la base ciudadana que lo eligió como su representante, para conocer sus ideas e inquietudes. Cumpliéndose el requisito de procesos verdaderamente democráticos, sería factible plantear la reelección de los legisladores para que acumulen experiencias y cabría, incluso, hacerlo de forma intercalada: que la mitad del congreso se renueve cada tres años, como ocurre con los senadores.

El legislativo, como representante de la sociedad, está obligado a ejercer una severa y oportuna vigilancia sobre el ejecutivo. Un congreso plural tiene sobre sus hombros la responsabilidad de ser un contrapeso efectivo del presidente y el poder judicial. Sin embargo, la actuación de nuestra actual cámara de diputados ha dejado mucho que desear y un mal sabor de boca entre la población. En México la política ha estado enmarcada por el caudillismo, los liderazgos personales y los protagonismos, y en la cámara de diputados prevalece un espíritu de competencia. Esa vieja cultura partidista tendrá que transformarse hacia una fórmula de alianzas y coaliciones, como las que empezaron a observarse entre el PAN y PRD para fijar las reglas del juego en la instalación del congreso o en los votos comunes del PAN y PRI para sacar adelante la reforma al FOBAPROA, el presupuesto y el IPAB. Sin embargo, deberá darse todavía un largo proceso de maduración política.

La Constitución Política de los Estados Unidos Mexicanos define a México como una República democrática, federal y representativa, reconoce a los estados soberanos y al municipio libre, evitando con ello los excesos del centralismo y el monopolio en la toma de decisiones. Si en alguna época de nuestra historia pudo justificarse el centralismo, hoy es injustificable. Cada mexicano cuenta con la suficiente madurez para trabajar por su propio desarrollo. Si hacemos valer a plenitud el federalismo que marca la Constitución, resolveríamos la mitad de los problemas de impunidad y podríamos alcanzar estructuras de gobierno más sanas. Si, además, lográramos una verdadera autonomía de poderes, compartiéramos el poder entre los 32 estados y los 2,900 municipios en el país, y diéramos poder a la sociedad en asuntos de ecología, de auditoría, o en materia de obras públicas, seríamos capaces de desarrollar un antídoto formidable contra la corrupción, la prepotencia y el error. Una vez alcanzado un verdadero federalismo, podríamos empezar a debatir la conveniencia de la reelección a nivel municipal, o bien, extender el plazo de estas administraciones pues difícilmente pueden darse óptimos resultados en tres años.

Guanajuato está a la vanguardia en materia de federalismo. Mientras que en los demás estados de la república los municipios reciben 20 o 30% de los recursos de inversión estatales, en Guanajuato esta cantidad llega a 55%, fortaleciendo así las finanzas municipales. Cuando asumí la gubernatura establecí que la mayoría de las acciones que involucren el mejoramiento de las comunidades, sean realizadas directamente por los ayuntamientos. El gobierno estatal mantiene la responsabilidad de impulsar el desarrollo regional y coordinar los esfuerzos de la sociedad. Pero para lograr esto no necesitamos modificar la Constitución, sino apegarnos a lo que dice y cumplir las leyes. México cuenta con el marco jurídico suficiente para que prevalezca el Estado de derecho. Existen, por supuesto, áreas en las que es indispensable una profunda revisión.

El legado de "Tata Cárdenas"

Un viejo paradigma que no sé por qué ha subsistido por tanto tiempo tiene que ver con Pemex y el petróleo. Hace sesenta años la nacionalización del petróleo fue un acto justificable; pero la actual racionalidad económica nos obliga a emigrar a otra estructura operativa que permita a los mexicanos obtener mayores beneficios de la explotación y comercialización del crudo.

Propongo, por lo tanto, una segunda nacionalización del petróleo: quitárselo al gobierno federal y ponerlo verdaderamente en las manos de todos los mexicanos. Desde hace poco más de tres décadas, esa riqueza natural ha sido utilizada en proyectos personales del presidente en turno, la gran mayoría de ellos equivocados, o bien para hacer frente al pago de la burocracia, sueldos, rentas y luz, es decir, puro gasto corriente. Es tiempo de poner sobre la mesa el tema de Pemex y discutirlo sin temores, porque cada vez que se pretende abordar el tema es como si se quisiera violar la soberanía nacional. Los casi cien millones de mexicanos somos los auténticos dueños del crudo y somos los únicos que debemos decidir cómo y quién debe administrar ese recurso natural. Hemos dejado ir una magnífica oportunidad para contar con un instrumento eficaz para garantizar el desarrollo económico y de capital humano en el país.

Para evitar los apasionamientos que han caracterizado a los debates sobre este asunto, hay que distinguir dos aspectos fundamentales: el recurso natural, que es sagrado, y la empresa comercial que se llama Pemex, encargada de transformar, distribuir y vender crudo. Conservar el petróleo es mantener el control estratégico de todo su proceso, así encargues a un tercero el procesamiento, la distribución y la venta. El petróleo visto como un recurso natural debe pertenecer per secula seculorum a los mexicanos. Lo que debemos preguntarnos es si el gobierno federal ha administrado adecuadamente su explotación y distribución, o si existe otra fórmula que nos garantice mayores ganancias y dividendos.

Pemex será quizá la empresa más grande de México o, por lo menos, una de las más grandes, pero es sólo una más de un universo de más de un millón doscientas mil empresas, y ya no tiene el impacto estratégico del pasado. Es más, se trata de una compañía descapitalizada y con muchas plantas obsoletas. No es un secreto que Pemex ha sido la manzana de la discordia entre líderes y políticos, que la han sangrado a más no poder. Si analizamos los supuestos beneficios que Pemex ha traído a regiones petroleras como Campeche y Tabasco, encontramos corrupción, negligencia criminal que ha ocasionado severos accidentes, pobreza y marginación de los campesinos que se han visto despojados de sus propiedades; en las zonas donde se perfora el suelo marino, los pescadores han perdido su sustento por efecto de la contaminación.

Qué mejor forma de ejemplificar la ineficiencia de la paraestatal que el precio de nuestras gasolinas, que, además de caras, son contaminantes y de baja calidad. También podemos mencionar el incremento desorbitado del precio del gas para el consumo doméstico, o peor aún, la venta de petróleo crudo que después compramos —ya procesado— al extranjero. La ineficiencia gubernamental en materia administrativa queda demostrada en la petroquímica. El gobierno simple y sencillamente ya no puede hacerse cargo de ella, pero tampoco puede venderla porque está completamente quebrada.

Desde las primeras ocasiones que mencioné el caso de Pemex y se interpretaron mis palabras como el consejo de una posible privatización, se armó tremendo lío en todo el país. Durante una conferencia en Nueva York ante la Americas Society, en mayo de 1996, me preguntaron qué haría el PAN con el petróleo y las industrias relacionadas en caso de asumir el poder. Ante un grupo considerable de inversionistas, manifesté mi convencimiento de que los hombres de negocios son mucho más capaces para hacer rentable la paraestatal pero jamás deberíamos deshacernos del petróleo crudo, del recurso natural. Resalté la posibilidad de convertir una empresa pública propiedad del Estado, en una empresa pública de mercado, en términos cristalinos y transparentes.

Tremenda reacción. Los periódicos *Reforma*, *La Jornada* y *El Universal*, así como la agencia gubernamental Notimex, reprodujeron ampliamente lo que dije. "Apoya el PAN la privatización de Pemex", "El PAN no se opondría a privatizar Pemex", o "Apoya Fox la privatización de Pemex", fueron los titulares del día siguiente. Varios panistas como Diego Fernández de Cevallos, Luis H. Álvarez, Efraín González Morfín o Manuel Gómez Morin, se pronunciaron a favor de revisar la situación de Pemex, aunque con matices muy personales. En lo que todos coincidieron es que la sola discusión ya era en sí saludable para el país.

El asunto no pasó desapercibido en Guanajuato y mis declaraciones fueron ampliamente debatidas en el congreso local. Alberto Carrillo Flores, legislador priísta, inició la discusión al denunciar la "actitud desleal de Fox con el pueblo de México, por haber ido a Nueva York a promover la conveniencia de vender Pemex". Al arranque de los trabajos de la LVI Legislatura, los priístas establecieron que no eran cómplices del agravio que Fox había proferido al pueblo de Guanajuato; aunque es curioso que esos mismos diputados locales del PRI, que se rasgan las vestiduras cuando se menciona la posibilidad de privatizar Pemex, hayan estado de acuerdo con la privatización bancaria, la de las aerolíneas, de Teléfonos de México o la industria del acero. El sindicato de Pemex se gastó —por no decir que tiró a la basura— 150,000 pesos para publicar un desplegado que me acusaba de traidor a la patria.

Pese a lo que se diga y se especule cuando se aborda el asunto de Pemex, no hay prisa por privatizar. Si ésa fuera la mejor opción para los ciudadanos, se trataría de un proceso transparente pero, sobre todo, dentro del país. En México existen excelentes administradores y no hay necesidad de malbaratar la empresa en el exterior. Quepa la aclaración de que, cuando yo llegue a la presidencia, no será el ejecutivo quien tenga la última palabra, sino el Congreso de la Unión y, en última instancia, la sociedad. Además, cualquier propuesta a los mexicanos y al Congreso de la Unión tendría que garantizar cuatro aspectos:

1. El país, los mexicanos y el ingreso fiscal deben salir ganando.
2. Los trabajadores deben permanecer como accionistas y, en caso de desplazamiento, deben tener asegurada una fuente de ingreso.
3. El consumidor debe beneficiarse con mejores precios.
4. Tener un sentido social.

Por todo esto, también propongo que parte del capital sea invertido por el Sistema de Ahorro para el Retiro, lo que hará accionistas y dueños de la nueva industria a once millones de familias mexicanas.

¿Por qué no considerar estas bases y dejar atrás viejos tabúes? Desde mi punto de vista, lo que procede y es más conveniente para los intereses de México es la apertura al sector privado. Pero hacerlo no significa hacer más ricos a los ricos y más pobres a los pobres, sino invitar a mexicanos talentosos a que lleven a cabo una eficiente y productiva privatización. Por desgracia, como resultado de la corrupción que ha caracterizado a los procesos de venta de empresas del Estado, la palabra "privatización" ha sido satanizada. Pero ninguna de las alternativas que se pondrían sobre la mesa consideraría la reducción de fuentes de empleo en el país; al contrario, lo que se persigue son mayores plazas, mejores remuneraciones y el fortalecimiento de toda una cadena de proveedores. Nunca se plantearía la venta del petróleo crudo para que se procesara en otra región del mundo. En Argentina, por ejemplo, desde que se concretó la privatización de la industria petrolera, los argentinos reciben mayores recursos por concepto de explotación que cuando el sector estaba en manos gubernamentales, los trabajadores ganan más y los precios de la gasolina y sus derivados son inferiores. Al final, lo que debe contar en cualquier proceso de esta naturaleza, es el beneficio que nos deja como ciudadanos.

El petróleo, desde el punto de vista de las exportaciones, ha dejado de ser estratégico para el país. No hace muchos años significaba entre 70 y 75% de nuestras ventas al exterior, pero hoy no representa ni siquiera 10%. Pero para el gobierno es otra cosa. Su terquedad de no promover una profunda reforma fiscal y la generación de ahorro interno, ha ocasionado que 40% de sus ingresos estén ligados al crudo. La prioridad debe ser destinar todos los recursos derivados del petróleo al desarrollo de capital humano, cambiar algo perecedero que tarde o temprano se agotará, por conocimiento, tecnología e investigación.

Yo propongo cambiar dos millones de barriles diarios de petróleos por dos millones más de mexicanos con preparación universitaria, maestría o incluso doctorado. La gran apuesta de México debe estar en el capital humano. En el siglo XXI debemos ser capaces de despegar en la educación; sólo con una educación de calidad, que no sea el privilegio de unos cuantos, tendremos un país exitoso y justo. Mientras sigamos teniendo millones de mexicanos sin la posibilidad de expresarse a través de la escritura o millones de niños que, al concluir su educación básica, no tienen oportunidad para acceder a educación técnica o superior, no tendremos el México que soñamos.

Durante una conferencia en Miami, en febrero de 1998,

destaqué que el fortalecimiento del sistema educativo es una de las características en común de los países más exitosos del mundo. En México, por el contrario, la lenta expansión de las oportunidades educativas ha generado inequidad y una pésima distribución del ingreso. Cerca de 10% de la población ocupada no registra siquiera un año de escolaridad. Si no somos capaces de lograr que en el corto plazo México cuente con al menos un promedio de diez años de educación por persona, nuestras oportunidades de desarrollo serán cada vez menores. En Europa todos los países tienen más de doce años de educación promedio y algunos alcanzan hasta catorce, que es la media de Estados Unidos y Canadá. El PRI nunca le ha dado a la formación de capital humano el carácter prioritario que debe tener, y con ello ha impedido al país acceder a un proceso de desarrollo sustentable. Mientras subsista el actual sistema político, México será incapaz de generar verdaderas oportunidades.

En suma, lo que hay que hacer es quitarle a Cuauhtémoc Cárdenas y a todos sus seguidores la idea de que lo que se hizo en 1938 es irreversible. Es muy respetable que don Lázaro sea el ídolo de Cuauhtémoc, pero hoy los mexicanos tenemos que pensar más racionalmente cuál es la mejor alternativa. Cárdenas sigue añorando el viejo pasado de su padre, continúa inmerso en paradigmas y viejos tabúes del petróleo, la petroquímica y la industria eléctrica. Mi propuesta va en el sentido contrario. Debemos construir hacia el futuro en donde no hay más alternativa que la globalización. La riqueza y el patrimonio de un país no se mide en función del petróleo, sino por el capital humano con que cuenta.

Insisto en que la apertura al sector privado puede ser la opción más positiva si así lo evalúa el pueblo de México.

Ahí está el caso de la Comisión Federal de Electricidad. Permitir la participación del sector privado le ahorraría al gobierno cuantiosos recursos, que, de otra manera, tendría que destinar a fortalecer la paraestatal. Podríamos salvaguardar recursos de inversión para destinarse a educación, servicios de salud e infraestructura.

Desgraciadamente, la propuesta de Zedillo para modificar la Constitución y permitir la participación privada en la industria eléctrica carece de reglas que eviten cochupos y negociaciones oscuras. Cualquier planteamiento que se haga en esta materia debe dejar bien claro el compromiso del Estado de que la apertura no derivará en un incremento de tarifas, sino que traerá consigo de manera garantizada y sostenida la reducción de las cuotas, para que los auténticos beneficiados de la operación sean los propios ciudadanos. Zedillo todavía cree que por el solo hecho de ser presidente, puede sacar adelante cualquier iniciativa por su simple voluntad. Su propuesta se quedará en el limbo porque no hizo un esfuerzo por cabildearla y promocionarla; peor aún, a hurtadillas pretende sorprender al pueblo de México con otro golpe bajo.

Mi propuesta, en contraparte, estaría planteada en dos fases: primero la apertura a la inversión privada, para que dos años después, la Comisión Federal de Electricidad deje de ser una empresa pública del Estado y se convierta también en una empresa pública de mercado. ¿Qué implicaría esta transferencia? Si bien el Estado mantendría una tenencia accionaria de la empresa, alrededor de 30%, el resto de las acciones se colocarían entre más de once millones de trabajadores y entre el público inversionista a través del mercado bursátil mexicano e internacional. Esta medida permitiría democratizar el capital de la empresa y formalizar el patrimonio de los trabajadores. La conducción quedaría a cargo de una empresa con suficiente tecnología y experiencia en el ramo, para que garantice un resultado positivo de la operación.

Pero no es requisito fundamental que mantenga la mayoría accionaria; el verdadero beneficiario sería el trabajador.

Y cualquier propuesta tendrá que ser aprobada por el Congreso de la Unión, el verdadero responsable de sancionar una transferencia como la que planteo será el poder legislativo. La población puede estar tranquila de que el presidente de la República no tomará en forma individual una decisión de esta envergadura.

Las amenazas a la soberanía

En México existen temas etiquetados desde hace muchos años y que resulta difícil abordar por los sentimientos que despiertan. Y aparte del caso de Pemex, del ejido o el sistema educativo, tampoco podemos olvidar lo que significa nuestra relación con Estados Unidos.

Cuando mencionas la sola idea de sentarte a negociar con ellos, inmediatamente se te acusa de "vendepatrias", lo que significa renunciar al enorme potencial que representa la cercanía con el mercado más grande del mundo. Anualmente le vendemos a Estados Unidos más de 70,000 millones de dólares y sólo Japón nos supera en el nivel de intercambio comercial con ese país. Todos esos recursos han sido canalizados al desarrollo de México y, para lograrlo, no ha sido necesario bajarnos los chones, ni mancillar nuestro honor. Encerrarnos en un nacionalismo a ultranza no sólo es asfixiante, sino desastroso para el progreso.

Desgraciadamente cuando se aborda la problemática de nuestra relación con Estados Unidos, innecesaria y equivocadamente, nos invade un sentimiento de inferioridad. Estos cuates tendrán un país muy grandote y con muchos recursos, pero no nos superan en ingenio y capacidad. En México están instaladas fábricas de renombre internacional que ocupan los primeros lugares en materia de competitividad mundial, lo que prueba que podemos hacer bien las cosas. Qué darían muchos por sentarse (como lo hicimos en Guanajuato) con la Volkswagen de Alemania o la Chrysler de Estados Unidos para negociar una inversión de mil millones de dólares que generarían cinco mil empleos. Es muy difícil, por no decir imposible, crecer y generar los empleos que requiere el país con los recursos internos. El mercado interno prácticamente está muerto, no hay poder adquisitivo y por lo tanto no hay consumo; la única alternativa que tenemos es trabajar hacia afuera. La apertura a la competencia internacional y los tratados de libre comercio, permitieron al país recuperarse de la severa crisis de 1994 y ubicarse en el lugar número 10 a nivel mundial en términos de su comercio exterior, y en el primero de América Latina, con 38.55% del total de las exportaciones de la región y 33% de las importaciones. En términos de inversión extranjera directa, entre 1994 y 1998, el país recibió 51.7 mil millones de dólares, ocupando el segundo lugar entre los países en vías de desarrollo, después de China.

Pero debemos seguir avanzando. Hasta ahorita, el TLC y los pactos mundiales han operado básicamente en el ámbito de los gobiernos centrales y las grandes corporaciones, pero no se ha puesto atención al desarrollo del comercio entre ciudades y estados. Para Guanajuato, los estados de Texas y California revisten una importancia estratégica. En el caso específico de California, hice cuatro visitas desde que asumí la gubernatura con el objetivo de globalizar la economía del estado. Busqué fortalecer la relación en el caso del sector textil y de confección de ropa, intensificar las relaciones agrícolas, agroindustriales y de producción de alimentos —Guanajuato cuenta con 65% del mercado total de brócoli procesado y 60% del de coliflor en ese estado estadunidense.

Se instalaron cuatro oficinas comerciales de Guanajuato y los guanjuatenses en Estados Unidos —en Los Angeles, Dallas, Chicago y Nueva York—, que se encargan de promover nuestras exportaciones y jalar inversión a la entidad. Esas oficinas cuentan con un show room y personal especializado en comercio internacional. También se abrió un almacén en Dallas a donde los productores guanajuatenses mandan contenedores de mercancías. En los últimos tres años, Guanajuato ha captado inversiones por casi 1,400 millones de dólares; el número de las empresas exportadoras pasó de 360 a 720 y el valor de las ventas al extranjero creció 160%, al pasar de 1,650 millones de pesos en 1995 a 4,300 millones de pesos en 1998.

Pero no sólo nos interesa Estados Unidos. Guanajuato cuenta con otra oficina en Asia y se está en vías de abrir otras en Londres y São Paulo. Me propuse también estrechar las relaciones del estado con la provincia de Quebec en Canadá, Cataluña y Valencia en España, así como con Milán en Italia, plenamente identificada con el calzado.

Haber trabajado en una trasnacional y haber tenido un contacto directo con los estadunidenses, me da los elementos suficientes para asegurar que se puede mantener una relación profesional y provechosa. Lo último que pretendo es fincar una relación sumisa o de entrega al imperialismo estadunidense, pero tampoco podemos patear el pesebre y pelearnos con la mejor oportunidad que tiene México. Es cierto, hay que mantener una sana distancia, pero el principal problema de nuestros gobiernos es que han carecido de autoridad moral y de la legitimidad que conceden procesos auténticamente democráticos. Cada vez que el presidente viaja a Estados Unidos, de inmediato le sacan sus trapitos al sol: la corrupción, Chiapas, la violación a los derechos humanos o los fraudes electorales. Acabas poniéndote a la defensiva, regresas regañado y sin haber conseguido nada. El mejor antídoto es generar fuertes liderazgos, con autoridad moral y representatividad para hablar de tú a tú.

Pero sólo he mencionado lo bueno que representa para México la vecindad con Estados Unidos —inversiones, exportaciones, etcétera—, y no se puede hacer a un lado la enorme lista de aspectos negativos: la represión y violación de los derechos humanos de los inmigrantes, las limitaciones para el comercio del aguacate o el cemento, la lenta desgravación en calzado y ropa... La lista es interminable. En todos estos puntos, se requieren posiciones firmes, serenas, pero sobre todo determinantes.

El tema de la migración es muy delicado. Se levantan las voces en contra del maltrato a los dieciocho millones de paisanos que trabajan en Estados Unidos, porque si los llevan a la cárcel o los condenan injustamente a la pena de muerte. Evidentemente existen infinidad de injusticias, pero no por eso se debe olvidar la causa de este problema: la impotencia y la incapacidad del gobierno para generar las oportunidades de empleo y desarrollo necesarias para esos dieciocho millones de mexicanos. El hambre ha orillado a muchos a la migración —me pregunto con qué se hubiera alimentado a todos esos paisanos en caso de haber permanecido en territorio nacional si no hemos sido capaces de crear fuentes de trabajo para los que se quedaron. La migración ilegal no es problema de Estados Unidos, sino de México.

Mi aspiración es que la migración que exista hacia el norte sea libre y voluntaria, y no motivada por el hambre. En Guanajuato los esfuerzos se concentraron en generar oportunidades de desarrollo y hoy día se han otorgado cerca de cincuenta mil becas a jóvenes de las familias más humildes del estado, lo que significa cincuenta mil migrantes menos. Guanajuato tiene uno de los menores índices de desempleo a nivel nacional y tan sólo en los últimos tres años se crearon doscientos mil empleos. Ése es el mejor camino que conozco para detener el creciente flujo de emigrantes a Estados Unidos.

Ahora, el siguiente paso, ¿qué hacer con todos los paisanos que ya radican en Estados Unidos? Antes que nada, desaparecer tanto protocolo y rollo que caracteriza a los consulados y embajadas mexicanos para que se ocupen en verdad de promover a nuestra gente. El gobierno de Guanajuato está muy cerca de sus conciudadanos que habitan en territorio estadunidense. Se instalaron 32 casas de Guanajuato en las principales ciudades con el propósito de mantener un estrecho contacto con ellos.

Sin embargo, muchos de esos mexicanos que se fueron en busca de oportunidades, ya están regresando a invertir sus ganancias en Guanajuato. El gobierno estatal se comprometió a poner un peso de capital por cada peso de inversión que traigan a la región. Hasta el cierre de 1998 se habían instalado treinta maquiladoras en igual número de comunidades rurales, lo que significa alrededor de tres mil empleos y tres mil emigrantes menos. Todas estas fábricas cuentan con inversión de los paisanos radicados en el norte, asociados con sus parientes de esas comunidades.

No se puede permitir que a estos mexicanos se les prive de su derecho a votar y decidir sobre el futuro del país, aún cuando estén fuera de territorio nacional. Sobra decir que estoy a favor de que se les reconozca su derecho constitucional, aunque no así el PRI y el gobierno federal que siempre tratarán de bloquearlo.

Las raíces, la cultura y los valores de una nación no se pierden por apostarle a la globalización y a la apertura comercial. Ahí tenemos el caso del Mercado Común Europeo. El TLC está dando resultados y sería momento de trascender a una segunda fase porque ya no tiene más que ofrecer a los tres países involucrados. Se debe consolidar en un periodo de veinte, treinta o cincuenta años un mercado común de América del Norte; soy un firme creyente de que en el año 2020 o 2030 existirán únicamente seis u ocho bloques comerciales con sus respectivas monedas.

La Comunidad Económica Europea se construyó a través de cuarenta años de reflexión, tolerancia y concesión. Aquí ya se dio el primer paso con el TLC. No esperemos más para dar el siguiente jalón. La realidad es que nos llegan inversiones porque tenemos mano de obra barata y lo mismo podríamos decir de las exportaciones: las hemos aumentado porque producimos con salarios de miseria. Si nos mantenemos como hasta ahora, el destino de México en el TLC será vivir en una permanente depresión de salarios para poder exportar o atraer inversiones. La segunda fase a la que me refiero debería comprender justamente el tema migratorio y el laboral. Aunque está en chino que Estados Unidos acepte, debemos luchar para que se abran las fronteras al libre tránsito de personas para que cualquier mexicano tenga oportunidad de trabajar en el norte —y lo mismo operaría para cualquier canadiense o estadunidense que quisiera trabajar en México. La multipolaridad puede equilibrar la balanza de la relación con Estados Unidos. Ahí está Canadá, tierra totalmente inexplorada por México y que representa una enorme capacidad de intercambio comercial e inversión. La balanza comercial con Canadá es casi cincuenta veces menor a la que tenemos con Estados Unidos.

Y en la misma medida que vemos hacia el norte, tenemos que voltear hacia el sur. América Latina ha padecido fuertes restricciones en su desarrollo por los pésimos gobiernos que ha tenido a través del siglo, la falta de democracia y la poca atención que se ha puesto en los sistemas educativos, pero, sobre todo, porque no ha sabido unirse. El sueño bolivariano puede hacerse realidad. América Latina puede ser un bloque muy poderoso al momento de definir cuál será el destino de la globalización y las reglas a las que ésta tendrá que sujetarse —códigos de ética para los organismos multilaterales y los fondos de inversión.

Mucho se habla del liderazgo de México en América Latina, aunque yo no le daría ese título. Más bien algunos países centroamericanos —difícilmente podría ser éste el caso de Brasil o Argentina— nos han visto como un hermano mayor. Pero alcanzar esta integración latinoamericana no se trata sólo de una cuestión de liderazgos, sino de iniciativas. Cada vez que me reúno con un grupo de 35 líderes latinoamericanos —expresidentes o exministros— me doy cuenta de que en la mente de todos está latente la iniciativa de trabajar juntos como continente. Hemos dejado que los estadunidenses sean los que tomen las iniciativas e impongan instituciones o soluciones; lo que tenemos que hacer ahora es sentarnos a debatir la posibilidad de una integración.

Cuando abordas la problemática latinoamericana no puedes hacer a un lado el tema de Cuba, y hablar de ese país caribeño, necesariamente, implica hablar de Fidel Castro. Lo que tenemos que esperar en estos momentos es que el viejo líder revolucionario deje el poder —ojalá Castro tuviera la visión de integrar Cuba a las democracias occidentales y unificarla con América Latina. Pero violentar las cosas para sacarlo no es la mejor solución, no tiene sentido fomentar nuevos bloqueos y otra vez matar de hambre a millones de chiquillos. Mientras no se vaya Castro la única estrategia viable es seguir como hasta ahora: mantener una buena relación comercial, económica y cultural. Los aspectos de salud, educación y deporte, los han sabido manejar de forma ejemplar y exitosa y por eso decidí viajar a la isla, para estrechar nuestros lazos y aprender lo bueno que existe en otros países.

El otro lado del Atlántico también nos ofrece oportunidades; conocer los términos en que se está negociando el TLC con Europa me llena de esperanza. Hablamos de un Tratado de Libre

Comercio, Desarrollo Político y Cooperación. Qué bueno que consideren una cláusula política ya que si queremos jugar en las ligas mundiales tenemos que entrar de lleno a la plenitud democrática.

    Atrás del Mercado Común Europeo existen cuatro motores que lo impulsan: los grandes asentamientos industriales de Cataluña en España, la región de Lombardía en Italia, Rhône en Francia y el sureste alemán, todos ellos lidereados por empresarios del sector privado. Pero no hablamos de países obsesionados por la utilidad y la ganancia, sino por alcanzar, a la par, el desarrollo conjunto. La Comunidad Económica Europea destina 30% de su presupuesto a compensar las diferencias en niveles de desarrollo, 35,000 millones de dólares anuales que se destinan a países como España, Grecia o Portugal para que compensen su pobreza e incluyan a los menos favorecidos. Habrá quienes piensen que Europa ha pecado de exagerada en su sistema de seguridad social y que la ha orillado a sostener a cerca de 22 millones de desempleados, restándole competitividad. Pero si me preguntan qué elijo entre éxito económico y desarrollo humano, me quedo con lo último; ahí radican los valores más sólidos de las democracias europeas. Para México, sin duda, será muy edificante este proceso de negociación del tratado con Europa.

    En cualquier tratado comercial, el sector agrícola siempre será de los más difíciles a tratar, lo fue en el TLC y seguramente lo será en el caso de Europa por lo sensible que les resulta a Francia, España y Alemania, los grandes productores de la región. Por lo mismo, es el rubro en el que debemos estar más atentos, pues 25% de la población mexicana se dedica al ramo ganadero y agrícola; tenemos que alcanzar las mayores ventajas posibles para México e irnos preparando para competir con base en la productividad y la eficiencia.

Combatir el narcotráfico

En materia de narcotráfico, hemos dejado que nos avasallen y nos señalen como los únicos responsables y ahí está la constante amenaza del congreso estadunidense de no otorgarnos la "certificación". No hemos sabido equilibrar la discusión y hacerles ver sus propios problemas de corrupción. Debo reconocer que fue muy interesante el planteamiento que hizo el presidente Zedillo ante la Organización de Naciones Unidas de que sea un tercero imparcial el que juzgue los esfuerzos por combatir a esa lacra social. Pero, reitero, si carecemos de fuerza moral y representatividad todo quedará en buenas ideas y propuestas. El asunto del narcotráfico tiene que globalizarse, para que sea atacado en todos sus frentes y en todas sus facetas; eso obliga a las partes a ser responsables. El contar con un poder legislativo y un poder judicial verdaderamente autónomos será un gran paso para empezar a terminar con ese cáncer.

Desgraciadamente, el narcotráfico no puede separarse totalmente del Estado mexicano; si ha podido desarrollarse y crecer a estos niveles es porque existe corrupción y colusión con funcionarios públicos; jamás se podrá ganarle la batalla al narco si el enemigo forma parte del propio gobierno y la policía. Por eso rechazo categóricamente la tonta pretensión de Zedillo y el entonces secretario de Gobernación, Pancho Labastida, de resolver el problema de la seguridad en México integrando un nuevo cuerpo policiaco; echar a circular por el país otros diez mil policías, cuando lo que se necesita es arreglar los cuerpos policiacos que ya existen. Quizá tengamos que optar por la elección directa de jueces y magistrados para integrar un auténtico poder judicial autónomo, que se caracterice por su seriedad y honestidad.

El ejercicio de la democracia a plenitud y la rendición de

cuentas a la sociedad es el primer paso para resolver el asunto del narco. Ya que lograste dar ese brinco, desde la presidencia de la República se deben enviar claras señales de que se acabó la corrupción y la impunidad.

Debe también establecerse una estrategia de entrenamiento y capacitación de los elementos de seguridad, de integración de cuerpos policiacos sanos y honestos, así como cambiar el énfasis de una policía armada a una policía pensante y equipada con información que les permita ubicar dónde están los criminales. Una estrategia de esta naturaleza es más efectiva que seguir añadiendo policías y armas; ese camino ya quedó obsoleto. Hace falta ese policía que sea responsable de su distrito, que conozca a cada uno de los ciudadanos que va a servir y que ellos sepan quién es. Es indispensable cerrar filas y caminar hacia un Estado de derecho, así haya críticas de que se está haciendo por la vía de la represión. Sin violar los derechos constitucionales y las garantías individuales de nadie, a este país le urge regresar a un Estado de derecho y ética.

La izquierda como solución

No podemos dejar de lado el papel que la llamada "izquierda" en México ha desempeñado en política, al ser la primera que abrió muchos de los espacios políticos. En este punto habría que distinguir dos izquierdas: una muy pragmática —le llamaría territorial—, que es la que invade terrenos, la que tiene líderes en colonias populares y que está en constante pie de lucha; y otra, la izquierda ideológica y pensante que está en las universidades y en el ámbito de la intelectualidad.

A raíz de la caída del Muro de Berlín y los posteriores acontecimientos en Rusia, ambas formas de izquierda han sufrido una profunda transformación. Prácticamente se agotaron las posibilidades electorales y políticas de la izquierda extrema, y ha surgido con mayor fortaleza la izquierda moderada.

La socialdemocracia de España y Francia o el laborismo de Inglaterra, es la izquierda que tiene futuro; el éxito de la centro-izquierda radica en su capacidad de generar riqueza con las ideas capitalistas y del libre mercado, pero manteniendo la responsabilidad social y el compromiso del Estado de incluir a los excluidos. El socialismo y el comunismo ya desaparecieron del mapa.

Hace ocho o diez años pudimos juzgar por primera vez a un gobierno panista, ahora vemos a la izquierda en el gobierno de la ciudad de México y, como le ocurrió a Acción Nacional en su momento, atestiguamos el obvio desgaste y la caída precipitada de la imagen y popularidad del PRD. Además, la izquierda nunca ha tenido la capacidad de generar riqueza. Ha sido muy buena para despertar conciencia social y democrática, pero es incapaz de crear riqueza.

En materia económica, la izquierda de hoy tiene que cambiar radicalmente su conceptualización. Felipe González, de España, gobernó como el más neoliberal de los neoliberales; el propio Mitterrand de Francia aplicó instrumentos propios del capitalismo y el libre mercado. Podemos aprender mucho de Europa desde el ámbito económico y político; quien quiere gobernar tiene que colocarse en el centro, con la cualidad de inclinarse ligeramente a la izquierda o a la derecha. Porque los extremos ya no son aceptados por la sociedad. Lo que busca la sociedad son resultados palpables en empleo, nivel y calidad de vida, seguridad, tranquilidad y justicia. Un punto que no debemos olvidar son los consensos y la pluralidad: en Europa existen gobiernos de centro-izquierda o centro-derecha, gracias al apoyo de varios partidos políticos y con gabinetes plurales.

Insisto en que no creo en el desmantelamiento del Estado, ni en que la sociedad pueda resolver todos los problemas, brindar educación, salud o generar empleos. En México se requiere de un Estado fuerte en términos económicos y fiscales, que sea capaz de promover el desarrollo y comprometerse con los menos favorecidos. Ése es el balance correcto. Aplaudo que la izquierda que lucha por la igualdad y la equidad exista y que sea tan activista y luchadora. En Acción Nacional damos alta prioridad al combate a la pobreza, al desarrollo social, al impulso a la educación; todo lo que tiene que ver con capital humano y distribución del ingreso es prioritario para Acción Nacional.

Resulta muy incongruente promover desde el poder un sistema de multipartidos, —a la fecha ya son 11 las fuerzas políticas en este país—, y a cambio imponer candados en la ley a las coaliciones, alianzas u otras figuras de asociación política. Peor aún, resistir y evitar mecanismos como la segunda vuelta.

En esto estamos siguiendo un camino equivocado que nos impedirá los consensos, la gobernabilidad y, ante tanta dispersión de ideas, un verdadero y estratégico proyecto de nación.

"Peor que al inicio":
un sexenio estéril

En México la política se ha enfocado exclusivamente en alcanzar la estabilidad macroeconómica, olvidando el crecimiento y la distribución de los beneficios del desarrollo entre la población. Desgraciadamente, en el camino no se han alcanzado las metas planteadas por los gobiernos priístas y, para muestra, basta un botón.

Pasamos de tener 19.2% del PIB per capita de Estados Unidos en 1985, a 9.8% en 1994. La distribución del ingreso, ya de por si inequitativa, ha continuado su deterioro: en 1984, 20% de la población más rica del país disponía de 49.5% del ingreso, para 1996 su participación había aumentado a 53%, mientras que los más pobres acentuaron su escasez de recursos. En escasos meses concluirá un sexenio más y la decepción de nuevo nos embargará a los mexicanos.

Durante los últimos cuatro años, el gobierno de Ernesto Zedillo ha seguido al pie de la letra los lineamientos establecidos por Carlos Salinas de Gortari con sus evidentes consecuencias. Ha demostrado que no estaba preparado para asumir el poder, vive presionado y ha sido incapaz de manejar la transición democrática. Se supone que tenemos de presidente a un experto en economía y sin embargo tenemos un ingreso peor y se ha acentuado la caída de nuestro poder adquisitivo. A un presidente se le paga para mejorar el nivel de vida de los mexicanos, pero este gobierno ha carecido de visión, innovación y conducción, y al concluir su periodo estaremos peor que cuando lo iniciamos. Serán otros seis años perdidos sin avance, progreso ni oportunidades.

En 1998 teníamos puestas todas nuestras esperanzas en que sería el primer año, después de dos largas décadas, en que se registraría un crecimiento salarial por encima de la inflación, pero aunque el Banco de México anticipó un incremento de precios de tan sólo 12%, la realidad es que la inflación se disparó hasta 18% y los salarios crecieron sólo 17%.

El proyecto zedillista ha sido extraordinariamente limitado, concentrando sus esfuerzos en tres o cuatro variables, todas circunscritas al ámbito macroeconómico y dirigidas a dar certidumbre a los capitales externos. Han brillado por su ausencia programas dirigidos a detonar la microeconomía, el desarrollo regional y sectorial, la calidad, la productividad, la tecnología, los mercados internos, así como incrementar los salarios e ingresos.

En el gobierno se trabaja bajo el supuesto de que el éxito macroeconómico se transformará en bienestar microeconómico, derramando sus frutos entre la población, pero nada de eso ha sucedido ni sucederá. Países como Chile, que llevan doce años de un manejo consistente de sus variables macroeconómicas, no han podido cristalizar el desarrollo macro en mayores ingresos y mejor nivel de vida para los ciudadanos.

La concepción del desarrollo es exactamente inversa, emana de abajo para arriba, de la promoción del capital humano, así como de ciudadanos con amplia capacidad y elevados niveles educativos. El desarrollo nace en las localidades, las regiones, los municipios y los estados, no por la buena voluntad de Los Pinos. Para crecer con calidad es indispensable y urgente privilegiar el crecimiento económico acelerado y sostenido; lograr una mayor equidad y democratizar la economía, para dotar de oportunidades a los millones de mexicanos excluidos. El problema con el proyecto de Zedillo es que ni siquiera concibe un verdadero desarrollo económico con rostro humano; no pueden hacerse a un lado variables como la educación, la salud y la formación de capital humano. El énfasis de la política económica en México se ha concentrado en el crecimiento económico y la reducción de la inflación que, aunque son factores indispensables para un país, no son suficientes.

Esas propuestas que abogan exclusivamente por la liberalización y la desregulación como vehículos para alcanzar el crecimiento económico, no consideran las profundas diferencias que existen entre las microempresas y el resto del aparato productivo y se olvidan de que todavía existen comunidades con medios muy limitados para emprender alguna actividad económica. No se dan cuenta de la enorme cantidad de trabajadores que se mantienen de la economía informal.

Para incorporar a los excluidos es indispensable vincular la promoción económica con el desarrollo humano, la política económica con la social. Pero este vínculo no se da de manera automática, se requiere de un esfuerzo deliberado de políticas públicas que inicien el círculo virtuoso de crecimiento económico y desarrollo humano en lo micro.

El mejor instrumento con que cuenta un país para alcanzar niveles óptimos de desarrollo es el presupuesto de egresos, pero Zedillo no dejará más que desorden y desconexión en todo el sistema de aplicación del presupuesto. De ahí que tengamos que reinventar el concepto de gobierno en su totalidad, reducir considerablemente el gasto y la burocracia en niveles de 30 o 40%. Del mismo modo es necesario reorientar todo el presupuesto hacia líneas estratégicas:

1. Desarrollo económico con rostro humano.
2. Formación de capital humano.
3. Seguridad y justicia para vivir en paz.
4. Eficacia en el gobierno con el poder compartido —federalismo, autonomía de poderes e integración de la sociedad a la tarea de gobierno. El desarrollo, el progreso y la prosperidad vendrán en la medida en que generemos oportunidades.
5. Atención a retos específicos de gobierno, agrupando todo lo que tenga que ver con generación de recursos para el país. No desperdiciar esfuerzos ni dinero en secretarías, dependencias, fideicomisos y organismos dispersos.

Zedillo heredará a la próxima administración una serie de compromisos presupuestales que suspenden todo margen de maniobra en materia económica. Para el año 2000, 40 centavos de cada peso estarán comprometidos para cubrir errores del pasado y deuda, mi.entras que los otros 60 centavos tendrán que destinarse a hacer frente al gasto corriente y a sostener un aparato burocrático, poco efectivo, mal pagado, sin incentivos y que consecuentemente poco le produce al país.

El presidente y sus colaboradores más cercanos afirman, y hasta lo firman con sangre, que la economía no caerá en el bache de cada sucesión presidencial, que en el 2000 no viviremos una nueva crisis sexenal como la de diciembre de 1994. Sin embargo, éstos son sólo buenos deseos que no se han convertido en ninguna acción concreta aparte del "blindaje". La búsqueda de solución al problema de Chiapas se ha extraviado entre una serie de dimes y diretes sin sentido; Francisco Labastida quien era el encargado de llevar a buen puerto las negociaciones para la paz, es el candidato del oficialismo y el dedazo, representa los setenta años de ineficacia, corrupción y angustia que hemos vivido. Es la representación misma de Acteal, de Aguas Blancas, la pobreza y la marginación. Como mexicano no puedo aceptar que al final del siglo XX estemos hablando de más de lo mismo. Falta, además, dar salida al problema de las carreteras, al de las instituciones de seguridad social —IMSS e ISSSTE que están totalmente quebrados—, para que puedan convertirse en los grandes instrumentos del ahorro público. Tampoco se ha resuelto la problemática de la banca de desarrollo: Nacional Financiera y el Banco Nacional de Comercio Exterior están más descapitalizados que el propio sistema financiero privado. El Banco Nacional de Comercio Interior tuvo que ser liquidado ya que representaba más un gasto que un beneficio real en el sector al cual debía dirigir sus esfuerzos.

Zedillo pudo haber realizado algunas acciones que le permitieran entregar al país en mejores condiciones que su antecesor. Una de ellas, sin duda, era la tan anhelada y esperada reforma fiscal integral.

Las modificaciones al marco recaudatorio deben basarse en una completa simplificación del sistema tributario nacional, conservando unos cuantos impuestos exclusivamente (el IVA, el Impuesto Sobre la Renta, por ejemplo). La equidad, la justicia y el bien común se debe alcanzar por la vía del ingreso, del presupuesto y la inversión.

La realidad es que la captación fiscal de México es terriblemente débil y es sólo un sueño pretender construir un país con recursos equivalentes a 9.5% del PIB —si le sumas los ingresos derivados de Pemex, alcanzas apenas 14.8 por ciento. Cuando nos comparamos con otros países, incluidos los latinoamericanos, nos damos cuenta que estamos en el hoyo; en Brasil, Chile o Argentina la recaudación fiscal oscila entre 18 y 21%, en Estados Unidos ronda 26%, mientras que en Asia y Europa nos encontramos con tasas del orden de 30 a 40%.

Es indispensable contar con ingresos suficientes, producto del ahorro de todos los mexicanos y de la recaudación tributaria, equivalentes a, cuando menos, 18% del PIB —eso sin contar los ingresos derivados del petróleo. Este planteamiento de duplicar, cuando menos, los ingresos fiscales no debe espantar a nadie porque no estoy planteando más impuestos ni tasas más elevadas, pero sí que todos aportemos al desarrollo del país. Es fundamental aumentar la base de contribuyentes: el más humilde de los mexicanos debe apoyar al crecimiento de su comunidad y al del país.

Para lograr esta meta se debe recobrar la confianza de la sociedad en la autoridad. Hoy nadie quiere pagar impuestos porque ve el triste destino que éstos tienen, somos testigos de cómo los políticos se los roban y se enriquecen a costa de nuestro esfuerzo. Los impuestos deben verse cristalizados en oportunidades reales, elementos mínimos de calidad de vida como son agua potable, electrificación, drenaje, líneas telefónicas, o bien, en oportunidades de empleos y acceso a financiamiento.

Cuando se alcanza el círculo virtuoso del crecimiento, el panorama es muy diferente y la resistencia al pago de impuestos da un giro de 180 grados hacia una participación directa y comprometida.

Con los empresarios hay que dialogar e intercambiar ideas, para ponernos de acuerdo en el rumbo de la reforma fiscal. Nuestra premisa fundamental es la honestidad en el manejo de los recursos y su total transparencia. Todavía existen empresarios reticentes a concretar modificaciones con propósitos recaudatorios o para erradicar la evasión fiscal; éste es un mal que debe exterminarse. Por supuesto que los que poseen un pequeño negocio o un pequeño ingreso aportarán lo mínimo, pero tienen que hacerlo —el impuesto de 2.5% para el Régimen de

Pequeños Contribuyentes que planteó el gobierno fue excesivo, y por supuesto que la economía informal no se iba a incorporar; para este nicho debemos establecer un gravamen de 1% como máximo. Lo más injusto e inequitativo es que unos aporten y a otros se les exima, eso no se vale en un país que aspira al desarrollo.

Si gano la presidencia detonaré una verdadera revolución desde los mismísimos cimientos del gobierno. En el ámbito de seguridad y justicia, de inmediato daré a conocer un decreto sobre federalismo y descentralización a fin de compartir el poder y la responsabilidad con estados y municipios. El procurador general de la República será designado por el Congreso de la Unión y no por el ejecutivo federal, en tanto estudiamos que los integrantes del poder judicial se elijan en parte por voto directo —para evitar cuchupos y manoseos— y el resto a través del poder legislativo.

En materia de federalismo, debemos abandonar el viejo esquema de repartición de recursos de 80% para el gobierno federal y el restante 20% para los estados, a una relación 60-40%. Se desmantelarían de inmediato todas las delegaciones federales que existen en los estados de la república, lo que representaría un ahorro sustancial pues actualmente se duplican tareas y actividades.

Debemos dar un giro en materia de desarrollo económico, donde las prioridades serán la globalidad, la competitividad, el desarrollo regional y local, la promoción de la micro, pequeña y mediana industria y la garantía de que el 100% de los mexicanos obtenga crédito y financiamiento. Hay que darle el banderazo de salida a los megaproyectos en el sureste de la república, y luz verde a la exención fiscal por diez años para todas las compañías que se instalen en la región.

Si gano las elecciones de julio del año 2000, daré instrucciones precisas para provocar un cambio radical en el ámbito educativo, garantizándole a todos los chiquillos y jóvenes que puedan continuar con sus estudios hasta la universidad —hay que retenerlos, cueste lo que cueste, dentro del sistema y para eso tenemos el recurso del petróleo. Debemos conformar en el país un verdadero equipo de ciencia, tecnología e investigación, para que sean los talentos mexicanos los que aporten las ideas para la conducción del desarrollo; todos ellos deben reportar directamente a la presidencia de la República. Los ingresos petroleros deben ser canalizados íntegramente a la formación de capital humano.

La política debe ser entendida como la búsqueda del bien común, el desarrollo y crecimiento de la sociedad. Si partimos de ese principio, podemos asegurar que el ejercicio político ha estado ausente durante el presente sexenio; jamás he escuchado de labios de Zedillo la visión de país a la que deberíamos aspirar. Tal parece que llegó a la presidencia de la República a sobrevivir y a tapar los errores de Salinas y los pozos de la corrupción. Y de los ahora precandidatos priístas tampoco hemos escuchado algo diferente.

En círculos cercanos al gobierno se afirma, equivocadamente creo, que con Zedillo se consolidó la democracia en México, pero la realidad es que con él o sin él la tendríamos. Las conquistas de gubernaturas, presidencias municipales, congresos y la mayor equidad en los procesos electorales, han sido triunfos exclusivos de la sociedad, no graciosas concesiones de Los Pinos.

Cada una de las instituciones que conforman al Estado mexicano han caído en un absoluto descrédito. El Banco de México, por ejemplo, ha perdido prestigio ante la falta de resultados económicos: no ha logrado controlar la inflación, ni actúa con verdadera independencia. Si tomamos, por otra parte, al magisterio, percibimos la misma problemática, no se le ha prestado atención ni se le ha apoyado presupuestalmente, peor aún, carecemos como país de una efectiva estrategia educativa. El aparato productivo y el empresariado del país están desdibujados, son temerosos al momento de invertir —seguramente algunos continúan sacando dinero del país por la incertidumbre en la que viven.

El presidente de la República no puede abusar de la lealtad del ejército para enfrentar cualquier conflicto político. Un problema en la relación entre el gobierno y las fuerzas armadas ha sido el desconocimiento de la vida militar. Se respeta al ejército, pero no interesan sus necesidades y sus problemas, los agravios que tiene, los héroes con los que cuenta ni el esfuerzo que realiza. No se tiene claro cuáles son las redefiniciones que deben concretarse de cara a un mundo globalizado y a los tiempos que vive el país.

El ejército mexicano no es un ejército elitista, sino que tiene profundas raíces en el pueblo. Muchos mexicanos han encontrado en las fuerzas armadas la oportunidad para su desarrollo profesional y para ser mexicanos de provecho que prestan un servicio a la nación. Por su origen social e histórico, estamos frente a un ejército popular y nacionalista, y esto es garantía de que siga siendo el defensor de nuestra soberanía nacional y un medio de apoyo en caso de desastres naturales.

A diferencia de otros países de América Latina, donde los militares han intervenido e intervienen en la vida política con los costos que conocemos, nuestro ejército se ha mantenido institucional, dedicado a proteger la seguridad nacional y a labores sociales. Que el ejército mexicano sea visto como una de las instituciones más confiables y respetables no es gratuito, se lo ha ganado por la calidad moral que ha demostrado a lo largo de los años.

La profesionalización militar en México ha permitido que no existan lealtades personales, sino institucionales: al presidente, al Estado, a la nación. Si bien es cierto que durante muchos años se ha trabajado para el mismo aparato gubernamental, en estos tiempos se tiene muy clara la diferencia entre el PRI y el Estado. Y hoy, frente a un cambio tan trascendente, el ejército respetará el mandato del pueblo, ya que, ante todo, es institucional.

Ojalá y la administración se decida por realizar dos o tres "sacrificios" más —como suele llamarlos Zedillo. Es básico reducir la burocracia, la corrupción y el dispendio; eso sí serviría para entregar la casa más o menos limpia. Un programa de gobierno para el siglo XXI tiene que concentrar todo su esfuerzo en la formación de capital humano, el desarrollo vendrá como consecuencia.

Desgraciadamente ya se le vino encima la sucesión presidencial y lo agarró como al Tigre de Santa Julia sin preparación alguna, capacidad política ni margen de maniobra. Si calificáramos al sexenio estaría reprobado; es más, no alcanzaría ni cero —a un presidente se le paga para que mejore el nivel de vida de los ciudadanos, no para que dé a conocer magníficas cifras macroeconómicas que nada significan para el grueso de la población.

Ojalá y pasemos estos rápidos y turbulentos meses sin caernos del barco. Es muy delicado lo que viviremos, pero es, al mismo tiempo, muy esperanzador y desafiante.

FOBAPROA: el muerto en el clóset

FOBAPROA, tan debatido y satanizado monstruo sexenal, es consecuencia directa de las tarugadas y errores que cometieron Salinas, Pedro Aspe Armella, Jaime Serra Puche, el propio Zedillo y demás miembros de la familia revolucionaria-tecnocrática en la conducción económica de este país. Antes de que las autoridades financieras concretaran el "rescate bancario", habíamos logrado disminuir el peso de la deuda sobre la economía nacional. Pero al aparecer FOBAPROA en el escenario nacional, la deuda interna se nos duplicó de golpe: le quitó al país 10% de su Producto Interno Bruto para 1998, y por los próximos veinte o treinta años su fantasma estará gravitando sobre el presupuesto, reduciendo los programas de educación y salud. Si a FOBAPROA le sumamos la precaria situación —más valdría decir de quiebra—, de las instituciones de seguridad social que consumieron el ahorro de los mexicanos para hacer frente al pago de pensiones y jubilaciones de nuestros viejos, el rescate carretero y demás deudas acumuladas, tenemos que se ha hipotecado de 20 a 25% del presupuesto para la siguiente generación.

Cualquiera que ocupe la silla presidencial a partir del año 2000, deberá apartar 25 centavos para pagar los errores cometidos por los gobiernos que hemos padecido en los últimos tiempos.

Si México viviera la democracia en su plenitud, cada año, al presentarse el presupuesto de egresos de la federación, se le exigirían cuentas al ejecutivo y no se habría permitido que creciera un monstruo de las dimensiones de FOBAPROA; en sólo dos años acumuló una deuda de 600,000 millones de pesos o 60,000 millones de dólares. ¿Quién le pidió cuentas al gobierno? Pero los platos ya están rotos y ni modo, no hay otra salida más que pagar.

A pesar de lo que se diga, la solución no era esconder el cadáver en el clóset y dejar que pasara el tiempo. Había que resolverlo y parte de esa solución tendrá que venir con cargo al erario —era más importante darle salida que ponernos a llorar. El PRD, de manera muy pírrica, medrando con el futuro del país y dispuesto a exprimirle al caso hasta el último voto, asumió una posición muy cómoda: lanzar una consulta popular para que "el pueblo decidiera qué hacer". Pero si a un ciudadano le preguntas si está de acuerdo en cubrir con sus impuestos "el dinero que se robaron los ricos banqueros", sólo un tarugo contestaría que sí. Fue una manera muy dolosa de convocar a un plebiscito.

Al final se encontró la fórmula correcta: ni el borrón y cuenta nueva, ni la propuesta irresponsable de llevar a la horca a todo el mundo, sacrificando al país en aras de obtener una pírrica victoria dentro del Congreso de la Unión. La fórmula que se aprobó el 12 de diciembre de 1998, mantuvo vivo al sistema financiero y brindó un apoyo a los pequeños deudores imposibilitados para hacer frente a sus obligaciones bancarias, muchos de ellos a punto de perder sus hogares, su microempresa o industria.

Desgraciadamente, con todo y la aprobación del Instituto de Protección al Ahorro Bancario (IPAB), la sociedad continúa inmersa en una total desorientación; señala como culpables a los banqueros, cuando ellos también padecieron las consecuencias del llamado "error de diciembre". Y es que para acabarla de amolar, las primeras acciones que se tomaron en enero de 1995 no fueron para rescatar a la banca, a los ahorradores o a los deudores, sino que se diseñaron para tranquilizar a los inversionistas del exterior y garantizarles sus recursos. El gobierno se preocupó primero por los extranjeros, en lugar de ocuparse de los mexicanos a los que nos estaba llevando el carajo. Hasta que la situación fue insoportable, comenzaron a buscarse mecanismos de solución a través del FOBAPROA, pero la realidad es que en enero de 1995, días después de que estallara la crisis, el primer pensamiento del gobierno fue para los extranjeros.

Y por supuesto tampoco los banqueros son unas blancas palomitas. Hay una buena cantidad de culpas que tendrán que facturarse a su debido tiempo.

Cuando José López Portillo nacionalizó la banca en 1982, supuestamente ya se habían llenado los vacíos legales que les permitían a los banqueros prestarse dinero entre sí y a sus empresas —por aquella época entre 25 y 30% de su portafolio era de préstamos a firmas relacionadas con ellos. De acuerdo con lo que sostuvo el propio gobierno en aquellos años, se establecieron controles para evitar irregularidades, aunque al parecer no fueron suficientes y permitieron a muchos hacer de las suyas.

Por tanto es básico, si aspiramos a un sistema bancario sólido, revisar nuevamente el marco legal, los reglamentos y normas que rigen al sistema financiero y que fallaron. Hay que replantearlos para que no exista la posibilidad de que los banqueros roben o de que los presidentes se equivoquen; es fundamental revisar las atribuciones del Banco de México y de la Comisión Nacional Bancaria y de Valores para comprender a santo de qué autorizaron que se enviara toda la basura de la banca al FOBAPROA.

Durante una visita que realicé a Estados Unidos, destaqué que debíamos crear un nuevo sistema financiero, un sistema que no hemos tenido en más de treinta años por estar brincando de nacionalizaciones a privatizaciones, de controles a liberalizaciones sin orden y sentido. Hay que desarrollar un sistema que verdaderamente brinde una cobertura total —porque en estos momentos la banca atiende únicamente a 25% de la población—, además de que sea capaz de detonar el desarrollo dando prioridad a la pequeña y mediana empresa.

Es vital fomentar las cajas de ahorro y los micropréstamos; el capital de riesgo no debe circunscribirse únicamente a las grandes corporaciones, sino ampliarse a todo aquel que quiera arrancar un negocio o hacer crecer una pequeña empresa. El sistema financiero que requiere México debe ser capaz de atraer recursos del exterior, ofrecer tasas de interés estables y razonables.

En Guanajuato desarrollamos un modelo de banca social para atender a los sectores más desfavorecidos. En nuestro planteamiento incluimos un promotor que funciona como una Comisión Estatal Bancaria para cajas populares y un organismo dedicado a otorgar microcréditos, retomando una vieja tradición previa a la guerra cristera —a principios de siglo se conformaron las cajas Raiffeisen organizadas por sacerdotes y la propia comunidad.

A través de la promoción de este modelo, se han podido captar 1,819 millones de pesos de ahorro de guanajuatenses, a través de cuatro cajas populares, con 143 sucursales y activos del orden de los 2,138 millones de pesos. En tres años logramos incrementar en 30% el ahorro formal de la entidad; las cajas populares son la opción para aquellos que no pueden acceder a la banca comercial.

Las cajas populares que se han establecido en la entidad aunque no están formalmente reguladas y supervisadas por las autoridades financieras federales, aceptaron ser vigiladas y certificadas por el gobierno estatal.

El Programa Microcréditos Santa Fe de Guanajuato, que al día de hoy cuenta con 37,244 miembros —87% mujeres—, es la base del modelo que impulsé en Guanajuato. Con estos microcréditos se promueve la autogestión en las zonas marginadas, de las más pobres y humildes del estado, y se les da acceso a financiamiento para iniciar un changarro propio. Este modelo fue desarrollado con la asesoría de la Caja Popular Desjardins de Canadá, además de que observamos las experiencias en este campo llevadas a cabo en Bangladesh.

Desde que inició el programa y hasta mediados del año pasado, se ha apoyado a 1,528 núcleos sociales con 35 mil 290 créditos, por un monto total de 25 millones 727 mil pesos. El microcrédito, hoy por hoy, parece ser uno de los instrumentos más eficaces para combatir la pobreza, y puedo decir con orgullo que el programa está siendo adaptado a la realidad de Querétaro, Jalisco, Aguascalientes y Colima.

Desde que inicié mi carrera política, muchos han tratado de ponerme obstáculos en el camino. Miembros del PRD, y alguno que otro priísta —incluido mi buen amigo José de Jesús Padilla—, me acusaron de haberme beneficiado durante el periodo salinista a través del FOBAPROA y de contraer una deuda con BANCOMER con la finalidad de obtener recursos para las empresas de la familia. De acuerdo con este infundio, mi pretensión era que la deuda fuera adquirida por el fideicomiso del Banco de México. Carlos Navarrete Ruiz exigió a través de los medios de información que diera a conocer a cuánto ascendían las deudas del grupo Fox y las mías en lo personal.

Ignoro si algunas de las empresas de la familia Fox, que en realidad son muy pequeñas, estén o no incluidas en la "panza" de créditos de ese fondo. Hace cinco años que no estoy involucrado en la administración de los negocios de la familia y, además, ningún acreditado lo sabe. No debemos olvidar que los traspasos de cartera crediticia se dieron en paquete, producto de una serie de negociaciones entre los bancos y el FOBAPROA, no por la intervención directa de los deudores; el nombre del acreditado y el valor de la cartera son datos confidenciales. El PRD actúa con dolo cuando pretende mandar al cadalso a todos aquellos que puedan o no aparecer en las listas del fondo. Estoy seguro de que el propio Andrés Manuel López Obrador, si alguna vez compró una casa, está en FOBAPROA, lo mismo que más de un millón doscientos cincuenta mil deudores hipotecarios.

También es cierto que en FOBAPROA se tomaron decisiones discrecionales y hay muchas preguntas que todavía no tienen respuesta, como quién determinó el valor de las carteras y quién fijó el valor de la deuda en los grandes créditos corporativos; seguramente hay aspectos ilegales que tendrán que aclararse. Pero hablando en plata, la única vía por la cual podremos cobrarnos este "enésimo desfalco" será en las urnas, a fin de sacar al PRI de Los Pinos.

Pese a FOBAPROA, las carreteras o las instituciones de seguridad social, en México es más grave el problema educativo, el de seguridad y el de justicia —es más doloroso reconocer que más de la mitad de la población del país cuenta con sólo tres años de educación promedio o darse cuenta de la criminalidad que nos está avasallando.

Pero insisto en que este país tiene enormes posibilidades de crecer a tasas sostenidas de 7% anual, a fin de que en una década se duplique el ingreso per capita de la población en términos de dólares. Y en un par de años, debemos alcanzar diez años de educación promedio, lo que sería un avance único en la historia; como podemos lograr en el corto plazo que el sistema de salud atienda al 100% de la población.

Hacia un nuevo modelo

Resolver el problema del desempleo, la inseguridad o la criminalidad toma tiempo. En el desarrollo económico y educativo no hay resultados milagrosos, pero cuando existe orden y un plan de trabajo los frutos se van dando; el progreso y la prosperidad son consecuencia de un quehacer ordenado, disciplinado y perseverante. El primer reto es definir con claridad lo que queremos.

Justamente, durante la presentación del Centro Internacional Lucas Alamán para el Crecimiento Económico en enero de 1999, destaqué la urgencia por debatir el proyecto de nación al que aspiramos para el nuevo milenio, y para que cualquier programa económico sea viable, el crecimiento y la distribución de la riqueza deben ser metas paralelas y no secuenciales; requerimos un esfuerzo integrado de políticas económicas y sociales que se refuercen mutuamente.

El desafío para el siglo XXI es conducir el desarrollo en armonía con el mercado, democratizar la economía dándole un rostro humano. Este nuevo proyecto de nación debe contemplar compromisos y políticas públicas en cuando menos ocho áreas:

1. *Humanizar los fundamentales de la economía*. Para desgracia del país, los fundamentales de la economía se han reducido al equilibrio macroeconómico que, si bien es indispensable, no es suficiente. Para que una economía tenga viabilidad y futuro es necesario cultivar el capital humano, elevar el nivel educativo, mejorar la distribución del ingreso y reducir los niveles de marginación.

2. *Incrementar los recursos para el desarrollo*. Las necesidades crecientes de la población, los históricos rezagos en infraestructura y unas finanzas públicas comprometidas, nos exigen mayores recursos. Por eso insisto en que es inaplazable la reforma fiscal integral para que el gobierno pueda contar con ingresos sólidos y estables. Paralelamente, deben identificarse todas aquellas actividades que realiza el gobierno y que podrían ser mejor desarrolladas por la sociedad.

Resulta esencial ampliar los mecanismos e instrumentos de ahorro interno, incentivar a los mexicanos a que inviertan en su país, sustituir importaciones, multiplicar las exportaciones y atraer mayor inversión extranjera.

3. *Dar competitividad a la pequeña y mediana empresa*. Hay que dejar atrás los triunfalismos macroeconómicos para atender a políticas sectoriales microeconómicas, que mejoren las perspectivas de inversión y rentabilidad de las empresas. La política industrial debe estar enfocada a mejorar la competitividad de nuestra industria local, a fin de que pueda incorporarse a la internacionalización de los procesos productivos.

4. *Disminuir el subempleo e impulsar el empleo productivo.* Si correlacionamos la productividad del trabajo con la distribución del ingreso, todos los trabajadores ubicados dentro de los seis decimales inferiores de la distribución del ingreso personal, reflejan una productividad inferior a la media nacional. Disminuir el subempleo constituye una palanca fundamental para aspirar a un mayor crecimiento y a ocupaciones mejor remuneradas. Si en México se consigue eliminar el subempleo creando oportunidades para todos los trabajadores mexicanos que las demandan, la economía mexicana podría crecer a tasas cercanas a 10% anual, semejantes a las que caracterizaron al milagro japonés o a las que sentaron las bases de la prosperidad de Estados Unidos durante su expansión industrial.

5. *Incluir a los excluidos.* En México las microempresas se estructuran alejadas del apoyo institucional; millones de ciudadanos carecen de conocimientos o poseen medios muy limitados para emprender alguna actividad económica, mientras que enormes contingentes de trabajadores por cuenta propia o autoempleados actúan fuera de la economía formal y sin oportunidades reales para progresar.

Por lo tanto, es indispensable un programa de intervención selectiva y temporal del gobierno, a través de instrumentos que abran oportunidades para incluir a todos los ciudadanos en el proceso productivo. Resulta impostergable reconstruir el sistema financiero a partir de un esquema eficaz y eficiente para captar de manera masiva el ahorro popular; hay que desplegar un gran sistema nacional de microcrédito y banca social que permita a los excluidos transformarse en emprendedores.

6. *Impulsar un desarrollo regional equilibrado.* La pobreza y las desigualdades existen en todas las regiones del país, pero se dan con mayor dramatismo en el sur de México y en las áreas rurales;

estas disparidades se acentúan con el proceso de globalización. Por ello es necesario el fortalecimiento de los estados a través de un auténtico federalismo y del mejoramiento sustancial de la democracia.

El desafío es asegurar que el predominio de los mercados no conduzca a una mayor polarización regional, sino a la disposición de elementos vitales para el desarrollo.

7. *Asegurar derechos sociales básicos para todos*. El Estado debe asegurar un conjunto básico de derechos sociales que tengan como prioridad la niñez, la mujer, los discapacitados, la vivienda, la salud, la educación y los servicios públicos esenciales. Debemos superar la pobreza indignante y extrema y abandonar el paternalismo para avanzar a la construcción de oportunidades para todos.

8. *Comprometer nuestro esfuerzo con el desarrollo humano*. Nuestra prioridad debe ser colocar nuevamente a la educación en el centro del esfuerzo colectivo. Sólo con una educación de calidad, que no sea privilegio de unos cuantos, tendremos el país exitoso que todos anhelamos. Sólo con un gran esfuerzo masivo de educación productiva para adultos, seremos capaces de superar los enormes rezagos que tenemos, disminuir el subempleo e incrementar la productividad; sólo así podremos romper el círculo vicioso del subdesarrollo.

Lo más importante es el avance democrático

Durante los últimos diez años hemos sido testigos del avance de la oposición, particularmente de Acción Nacional, que continúa acumulando simpatizantes y gubernaturas. Esa década nos ha permitido, como partido y como sociedad, acumular experiencias y asimilar errores que permiten fortalecer el proceso democrático.

Pero si queremos hacer una evaluación objetiva del avance panista durante el presente sexenio, convendría preguntarnos ¿qué pasó en Chihuahua?, ¿por qué el PAN perdió las elecciones para gobernador?

En los resultados electorales es fundamental cómo percibe la sociedad a sus gobernantes, es básico, por lo tanto, transmitirle a la ciudadanía que somos eficaces, honestos y transparentes. El de Chihuahua fue un gobierno excelente, que concretó la mayoría de los cambios que el ciudadano demandaba cuando votó por Francisco Barrio. Pero, a pesar de los logros, el que ganó la gubernatura fue el PRI. Son muchas las variables que intervienen en el resultado de una elección: el actual gobierno, los candidatos de los diferentes partidos políticos, los líderes que participan en el proceso, y, la verdad sea dicha, el priísta Patricio Martínez fue un buen presidente municipal y, sobre todo, un excelente candidato. Estoy convencido de que la responsabilidad del triunfo electoral, y conste que Ramón Galindo colaboró directamente en mi precampaña, recae totalmente en el candidato, no en el líder del partido o en las estructuras partidistas —no comulgo con aquellos que achacaron a Felipe Calderón y "a su falta de liderazgo" la derrota en Chihuahua.

En el norte de la república, sobre todo, los procesos electorales son resultado directo de una sociedad cada vez más observadora, más reflexiva para emitir su voto y que evalúa a conciencia las opciones que le presentan los distintos partidos políticos. En Nuevo León, por citar un caso, se dieron más de cincuenta debates entre los principales candidatos y los votantes no se cansaron de desnudar a los aspirantes para averiguar qué podían esperar de ellos.

Pero al final de cuentas, lo que da sentido a la democracia es justamente la alternancia en el poder; no estamos proponiendo quitar al PRI para que el PAN se instaure en el poder per secula seculorum. Estoy convencido de que el país gana con lo sucedido en Chihuahua, lo mismo que la entidad y sus habitantes. El ejercicio democrático consiste en elegir la mejor alternativa entre las opciones que se presentan y no siempre, pienso, el PAN propondrá buenos candidatos.

En Guanajuato el velocímetro ya dio dos vueltas. En 1988 la mayoría de los municipios estuvieron gobernados por el PAN; en 1991 muchos de ellos dieron marcha atrás y optaron por el PRI o el PRD, y hace cuatro años, la mayoría de la sociedad prefirió regresar con Acción Nacional; prácticamente los 46 municipios guanajuatenses ya experimentaron la alternancia en el poder. Esa alternancia ha motivado que los partidos políticos se preocupen cada vez más por elegir buenos candidatos; conforme pasan los comicios, los ciudadanos contamos con mejores presidentes municipales. Igual sucede a nivel estatal.

El caso Chihuahua no lo interpretaría como una derrota, quienes queremos a México tenemos que estar por encima de los partidos. Imaginemos lo grave que sería que todas las gubernaturas, presidencias municipales o congresos estuvieran dominados por el PAN: entraríamos a una nueva dictadura igual de mala que la del PRI.

La alternancia obliga a la intensa presencia de líderes, y, por lo mismo, estamos siendo testigos de un proceso de reciclaje sociedad-gobierno y gobierno-sociedad —es formidable que la ciudadanía reciba con los brazos abiertos a los políticos que terminan su gestión o que reconocidos líderes de la sociedad se integren a labores de gobierno—; los resultados electorales recientes nos demuestran que cerca de 75% del voto en México se orienta más por la persona, el liderazgo y la propuesta.

Hay quienes sostuvieron que con la derrota en Chihuahua, el PAN perdía fuerza, pero si se cuantifican los votos y los triunfos a nivel municipal podemos asegurar que el crecimiento del partido es consistente, pues ya se gobierna al 42% de la población. Lo que sí debemos plantearnos es la conveniencia de rehacer nuestros procesos de inducción, atracción y selección de candidatos. Necesitamos candidatos con un liderazgo comprobado entre la sociedad; como institución, un partido político debe cubrir todas las facetas: el debate, la difusión de la doctrina y los valores del partido y la lucha electoral.

Tenemos que mantener una labor constante ante el electorado para que se perciba al PAN como realmente es y no como una bola de mochilas, reaccionarios, anticondones, etcétera. Necesitamos una fuerte organización que esté presente en todos los estados, municipios y distritos. El partido necesita reducir su carga dogmática, ideológica y filosófica, a fin de acercar a toda la sociedad su propuesta de gobierno; hay que dejar de ser un partido reservado únicamente para los militantes.

La importancia del candidato quedó reflejada también en las elecciones de Nuevo León. El estado eligió como su gobernador a aquel que mejor respondió a su realidad: una sociedad empresarial, altamente desarrollada, emprendedora, vanguardista y tecnocrática votó por un candidato emanado de las propias entrañas de esa sociedad. A eso es a lo que debemos aspirar, a que la sociedad elija como sus dirigentes a los hombres y mujeres más representativos que puedan entender sus necesidades y prioridades.

Baja California, el primer estado en tener un gobernador opositor, está destacando muy por encima del resto de las entidades de la república. Es el único estado que se da el lujo de rechazar inversiones intensas en mano de obra en sectores muy básicos de la economía, como el calzado y los textiles, pues apenas les alcanza su capital humano para atender otros niveles de desarrollo como la electrónica o la alta tecnología. Junto con las ciudades de León y Celaya, en Guanajuato, Tijuana reporta el menor índice de desempleo en el ámbito nacional.

Este proceso construido a partir de la gubernatura de Ernesto Ruffo, sigue avanzando y es muy valioso. Pero quién sabe, quizá la siguiente elección la gane el PRI, pero si eso sucede, será porque eligió al mejor candidato. Hay que identificar que una sociedad que madura políticamente, deja de ser partidista y adquiere el colmillo necesario para elegir a la persona que le garantiza resultados. Por eso los votos cada vez van más dirigidos a los líderes que a los partidos políticos.

En Jalisco las encuestas de opinión continúan avalando la fuerte posición de Alberto Cárdenas —incluso siempre aparece con mejor calificación que el propio Zedillo—; en el último sondeo sobre intención de voto, los resultados arrojaron una preferencia hacia el PAN superior dos a uno. Por lo demás, es poco lo que podría juzgar en materia de desarrollo económico, empleo y educación.

Aguascalientes y Querétaro apenas van despegando y habrá que esperar todavía los resultados. Pero lo más importante, insisto, es esa alternancia que permite a un nuevo gobierno cuestionar absolutamente todo y erradicar poco a poco la corrupción. Sabiendo que cualquiera podrá asumir el poder, buen cuidado tienes para mantener la casa bien limpia.

La nueva fórmula de la democracia

Tlaxcala, Zacatecas, Baja California Sur y Nayarit nos demostraron la eficacia de las alianzas para triunfar en comicios electorales; aunque tengo mis serias dudas de lo conveniente que le resultará a futuro a cualquier partido proponer como sus candidatos a los descartes del PRI. Pero no nos queda más que esperar y ver cuán efectivos son esos gobiernos.

Este periodo de aprendizaje también dará como resultado una clara definición en el PRD, en el corto plazo le va a quitar —si acaso tenía alguna— cualquier posibilidad de triunfo en el año 2000. Sobre todo en Zacatecas, Tlaxcala y en el D.F. se tendrán que enfrentar a una sociedad desesperada por ver resultados y mejorías imposibles de concretar en dos o tres años —ahora les tocará vivir todo lo que le han criticado a los gobiernos panistas y priístas. La factura la tendrá que pagar el PRD en las próximas elecciones presidenciales.

Hay quienes han querido comparar la selección de Felipe González como candidato panista a la gubernatura de Aguascalientes, con la de Ricardo Monreal en Zacatecas o Alfonso Sánchez Anaya en Tlaxcala, pero no hay que confundirnos. Felipe González fue un candidato emanado directamente de la sociedad, un garbanzo de a libra, un líder respetado y conocido que, de repente, decidió integrarse a la política. Jalar candidatos de entre la población, cobijarlos y asumirlos como parte del partido, ha sido quizá la única fórmula exitosa que ha diseñado Acción Nacional —así surgió Francisco Barrio, Alberto Cárdenas, Carlos Medina, Nacho Loyola y el propio Fox. Monreal y Sánchez Anaya, por su parte, son viejos políticos del PRI y líderes sociales; aunque, en otro sentido, Monreal es un líder barzonista con un reconocido arraigo entre la población rural pero, al fin y al cabo, priísta.

Los gobiernos serán muy diferentes. El gobierno de Felipe seguramente será técnico, profesional, de buena administración y caracterizado por la planeación, mientras que los otros dos serán gobiernos más populistas y demagógicos. No estoy diciendo que uno será mejor que el otro; mi creencia es que —el tiempo lo dirá— un gobierno como el de Aguascalientes será mucho más efectivo.

Pero independientemente de esos resultados, bienvenidas las experiencias de Tlaxcala, Zacatecas y Baja California Sur, y las que se repiten en Nayarit, Guerrero y en Coahuila —aunque se intentó en Hidalgo, no logró funcionar ampliamente. Éste es el nuevo modo de la democracia en México: un país de multipartidos tiene que hacer uso de las alianzas para lograr consensos. En un corto plazo se verán más y más alianzas políticas en gubernaturas, diputaciones y senadurías, y por supuesto en la presidencia de la República.

En los próximos procesos electorales se presentarán diversos escenarios y situaciones. Anticipo que los cuatro o seis partidos políticos pequeños se van a coaligar con alguno de los tres más grandes, lo que abre un amplio abanico de posibilidades y alternativas; la mayoría de ellos jalará hacia el candidato del PAN o del PRD, pero hasta el momento no veo a ninguno que quiera acercarse al PRI. Éste es un terreno nuevo, estratégico, que hay que saber manejar y tener presente.

En este contexto, hay que reconocer que el PAN se había posicionado como un partido que no tiene interés en las alianzas y, por tanto, arrancamos con una clara desventaja en el proceso electoral. Necesario que hayamos cambiado; el futuro de la democracia en México sin duda será por la vía de las alianzas. En los países con un sinfín de partidos, las alianzas entre dos o tres fuerzas políticas han llevado al poder a un primer ministro o a un presidente que forman gobiernos de coalición; eso es la democracia en todo el mundo y no sé por qué tendría que ser diferente en México.

Como oposición tenemos clara mayoría electoral pero todos juntos, en lo individual sólo el PRD y el PAN están en posibilidades de competirle al PRI. Estoy convencido de que, en la medida en que uno de los candidatos opositores tome una ventaja que parezca definitiva, otro aspirante tendrá menos votos; el fenómeno del Distrito Federal se puede repetir a nivel nacional, en donde la sociedad fortalezca a uno de los candidatos de oposición a fin de que cuente con los votos suficientes para derrotar al PRI.

El escenario del año 2000 se presenta muy difícil. La elección del nuevo presidente de la República podría darse con una pequeña ventaja obteniendo 36 o 38% de los votos. No veo cómo se va a gobernar México a partir del 2 de julio del año 2000 con 36 o 38% de los votos, a cualquiera se le haría cuesta arriba dar solución a los problemas y rezagos. Por lo mismo necesitamos provocar un gran movimiento ciudadano que nos lleve a un triunfo con 50 o 60% de los votos —en mi caso soy muy optimista, sé que vamos a ganar con más de 45% de los votos y conste que no soy brujo.

La segunda vuelta sería ideal porque nos obliga a cerrar opciones y al final elegir entre candidatos; cualquiera que sea el ganador obtendrá 51% de los votos. La segunda vuelta es un instrumento democrático, creado en sistemas de multipartidismo a fin de legitimar y dar autoridad moral a una candidatura. Cuando el electorado ya no elige entre diez sino entre dos, necesariamente se forman consensos. Cuando arrancó el proceso democrático en España existían 25 partidos políticos y hoy no son más que dos: el Partido Popular y el Socialista Obrero Español; Chile sumó a la Democracia Cristiana con el Partido Socialista en una sola opción y así ha estado gobernando por los últimos años. Que no nos espanten, la idea de cerrar alternativas no es ir en contra de la democracia; en un país con 15 o 20 partidos políticos, la fragmentación debilita la gobernabilidad y la legitimidad.

En los últimos procesos electorales y, de acuerdo con las historias relatadas por miembros de la oposición, tal parece que han resurgido las viejas prácticas priístas de compras de votos o fraudes cibernéticos que ponen en riesgo el avance democrático. Si la oposición había bajado la guardia y ya no se preocupaba de vigilar escrupulosamente el desarrollo de los comicios, hay que darle nuevamente su carácter prioritario como hace cinco años. No podría mencionar un caso específico de fraude, pero sí hemos escuchado de varios intentos durante los procesos electorales de 1998 y 1999, lo que nos orilla a ser de nuevo desconfiados y cuidadosos. En mi equipo de campaña estamos organizando un departamento que se dedique exclusivamente a evitar que nos metan goles. Este equipo vigilará muy de cerca los procesos electorales que se celebrarán en el futuro. Para descubrir nuevas prácticas fraudulentas, hay que destinarle a esto recursos, tiempo y mucho trabajo.

El resultado electoral en los estados de México y Nayarit es un buen ejemplo. En ambos casos, el PRI se convirtió en una minoría raquítica.

En el Estado de México 60% de la población votó en contra del PRI, en las encuestas el candidato más débil, con mayores desventajas y rechazo ciudadano, era Arturo Montiel. Sin embargo, el partido oficial se las arregló para endilgarle a la ciudadanía este pésimo gobernador —sin duda la entidad salió perdiendo al no contar al frente del gobierno con una persona de la talla de José Luis Durán.

¡Aguas!, ahí viene Labastida, igual de malo y falto de cualidades para dirigir a nuestro país; en las encuestas lo aventajo en una proporción de dos a uno. ¿Acaso dejaremos nuevamente que el PRI nos fastidie el futuro de nuestros hijos con sus clásicas marranadas electorales?

"¡Saquemos al PRI de Los Pinos!":
La carrera hacia el 2000

El cambio de mando

Si pretendiera hacer un balance de la gestión de Felipe Calderón, habría que dejar muy claro que hacerlo basándome en los éxitos o derrotas electorales de esos tres años, no sería adecuado. Aunque el presidente del CEN puede ejercer cierta influencia en la victoria en un proceso democrático, la responsabilidad del triunfo recae directa y exclusivamente en el candidato: candidato que no gana, candidato que no sirvió. Felipe Calderón, con toda una vida ligada al PAN, significó una sólida contribución al partido. Con el valor agregado que le brinda su juventud, aportó su capacidad de debate y de organización interna; modernizó las estructuras panistas y las equipó con tecnología —enlaces por computadora, videoconferencias, satélite, etcétera. Para juzgar a Felipe debemos tener muy claras sus propias características: se convirtió en el dirigente nacional más joven en la historia del PAN con sólo 32 años, y si bien le sobraba enjundia, compromiso y cariño a la organización, quizá en algunas ocasiones le hizo falta colmillo y experiencia. Fue y es un hombre comprometido con el partido que, si hubiera querido mantenerse en la dirigencia otros tres años, lo hubiera conseguido sin problemas; ése es el mejor argumento para sostener que pasó la prueba.

La salida de Felipe avivó de nueva cuenta la especulación sobre la influencia que el nuevo CEN ejercerá en la designación del candidato a la presidencia, así como en el rumbo que tomará la campaña del 2000. Pero no deja de ser eso, una simple especulación y, por si no me creen, basta con observar los números.

En la elección del dirigente nacional intervienen únicamente 250 personas, mientras que en la del candidato a la presidencia votarán todos los panistas. Así que el presidente del PAN, fuera quien fuera, no representa una influencia, y aunque la estructura jerárquica del partido podrá intervenir en la estrategia de campaña, el candidato electo podrá encauzarla por alguno de estos tres caminos:

1. Depender totalmente de lo que la estructura del PAN decida.
2. Contar con un equipo de campaña producto de la mezcla de miembros del partido y talentos de la sociedad civil.
3. En último caso, y extremo, formar una organización de campaña totalmente alejada del partido.

Como candidato me inclinaré por la alternativa de la fórmula combinada. Estoy convencido de que lo ideal para conseguir nuestro propósito de sacar al PRI de Los Pinos, es contar con la experiencia de sesenta años del partido y con mentes frescas que provengan de la sociedad civil; la remuda, como le decimos en el rancho.

¿Qué perfil debe tener el presidente del PAN en las próximas elecciones federales? Antes que nada, debe ser un comandante en jefe y un líder comprometido hasta la médula con el triunfo electoral y no tanto con la difusión ideológica y doctrinaria. La prioridad del presidente y, en sí, de todo el CEN panista, deberá ser la estrategia y el pragmatismo.

Al PAN, insisto, le ha faltado hambre de poder, y con los

tiempos electorales encima, no debemos irnos por el camino fácil de pensar que si no la hacemos en el 2000, ya será en el 2006 o, por qué no, en el 2012. Pero no hay más allá del 2000. Empezaremos el tercer milenio y el siglo XXI el 2 de julio del 2000 y no el 31 de diciembre; ése será el día en que todos los mexicanos decidirán si nos mantenemos como un pueblo perdedor, rezagado y pobre o si brincamos al camino de los exitosos y triunfadores. Como partido y como ciudadanos debemos asumir esta realidad con responsabilidad y no vivir esperando la siguiente vuelta.

Es indispensable rescatar la figura del liderazgo en el ámbito político en lugar de criticarla y satanizarla, recuperar la filosofía de las organizaciones sociales y empresariales donde el liderazgo se identifica con una figura altamente reconocida. Hay que reconocer que varios de nuestros caudillos han resultado un verdadero fiasco y han desviado el rumbo del país. Pero, a pesar de los tropiezos que se hayan tenido, es claro que la humanidad no se mueve por grupos y mucho menos por asambleísmos, sino por el genio de las personas que iniciaron la batalla, los que dieron el primer paso.

"Debemos ganar el poder sin perder el partido", fue una de las frases que más escuché durante la dirigencia de Felipe Calderón, haciendo clara alusión a las corrientes que se agitan al interior del PAN y que se proyectarán en el partido del siglo XXI.

Hay que entender la bipolaridad que se observa en el partido y no asustarse ante ella. Existen miembros de Acción Nacional que temen que el partido se pierda en la búsqueda y lucha por el poder, y reaccionan cerrándose a cualquier alternativa. Mientras que, por otra parte, tenemos a los que buscan el poder por el poder mismo y que provocan confrontación por sus actitudes extremosas. El reto del partido debe ser el de encauzar estas dos tendencias. Debemos mantener las aspiraciones, los valores, la doctrina y el rumbo, pero con la premisa de gobernar con gran eficacia y capacidad. No hay razón alguna para ser excluyentes, hacerlo pondría al PAN en una situación de tensión que ignoro cuánto se podría soportar.

La nueva dirigencia de Acción Nacional, encabezada por Luis Felipe Bravo, ha recuperado la iniciativa política y posee una mentalidad estratégica. Para fortuna del partido, no excluye, sino que analiza y reconoce que el PAN se ha fortalecido de la sangre nueva. Y pese a lo que cualquiera pueda decir o hasta afirmar, ha quedado demostrado que la institucionalidad del PAN y su democracia son más sólidas y resistentes que las de cualquier otro partido político.

Justamente en el marco de la elección de Luis Felipe Bravo Mena, los medios de información se dieron vuelo narrando la "ruptura" que se dio entre Diego Fernández y yo, con motivo de las divergencias sobre el tema de una gran alianza opositora en el 2000.

Con Diego mantengo una relación muy "dura", siempre en el ámbito profesional y político. Aunque se presenten entre nosotros trifulcas y choques, en el momento en que nos encontramos volvemos a platicar y a debatir como si nada. Aunque no se trata de una persona con la que esté sintonizado ideológicamente, es uno de los miembros del partido a quien más me acerco porque es de los que más aprendo. Lo mismo me sucedía con Carlos Castillo Peraza, el diputado federal con quien más me relacioné en la LIV Legislatura. Lo importante es no cerrar las puertas al debate. Lo mismo he platicado con Luis Echeverría, que con Fernando Gutiérrez Barrios, Cuauhtémoc Cárdenas, Andrés Manuel López Obrador y el propio Salinas de Gortari, con quien mantuve una constante confrontación por mis severas críticas.

Y volviendo al tema de Diego, hay que reconocerle su gran capacidad de persuasión; en más de una ocasión ha enrolado al partido o a miembros del CEN en sus ideas. Pero de ahí a afirmar, como lo hizo la prensa, que en la elección de Luis Felipe Bravo Mena como dirigente nacional la pieza clave fue Diego, francamente hay un exceso. Luis Felipe hizo su tarea durante toda su campaña y aseguró el triunfo —las cifras de votos que traía su equipo de campaña, tuvieron una diferencia de dos o tres sufragios con respecto del resultado final. Tampoco hay que otorgarle a Diego más crédito del que merece. Algunos me preguntaron si Diego podría ser una piedra en mi camino rumbo a la candidatura del PAN. Ante esto, sólo puedo asegurar que podría ser un competidor al que venceré, pero no una piedra.

En lo que respecta al tema de las alianzas, reitero que me considero un promotor de éstas por el beneficio que le brindan a la sociedad y a la democracia. Lo que debemos garantizar es que esa alianza que se planea y organiza sea exitosa, y los primeros que deben pronunciarse a favor de ella son los propios ciudadanos. Para que la unión de varias fuerzas políticas funcione, se debe contar con una plataforma y un programa que dé cohesión al discurso, además de reglas claras para que se lleve a cabo. Me cuestionan si la "Gran Alianza Opositora" no peligra por una guerra de egos, por lo menos de mi parte, pero lo importante no es quién ganará las elecciones, sino cómo va a gobernar, y de ahí que recomiende tanto la segunda vuelta electoral.

Aparte de pensar en una alianza para la presidencia de la República, debería plantearse también para el Congreso de la Unión, pues existen regiones del país en las que Acción Nacional no tiene presencia alguna, mientras que el PRD domina, o viceversa. Éste es un tema que deberán abordar y definir los presidentes de los partidos políticos.

Capoteando las críticas

El 6 de julio de 1997 empezó mi camino para obtener la candidatura del PAN. A las 12 horas, en el Ejido San Cristóbal donde acudí a votar en las elecciones intermedias, hice pública mi intención de buscar la presidencia de la República. Durante la semana anterior, mis hijos y yo reflexionamos sobre el asunto y juntos decidimos que valía la pena entregar más esfuerzo y tiempo a México.

El criterio de que la sucesión presidencial arranca siempre al término de la elección intermedia, dura tres años y se basa en los movimientos que hacen el presidente y los secretarios de Estado para perfilarse como posibles candidatos, nos ha llevado a sucesiones presidenciales muy violentas y a luchas intestinas por el poder. Esto es justamente lo que quise evitar. Decidí adelantarme para colocar al proceso electoral a la luz pública y evitar sucesiones presidenciales tan dolorosas como en la que murió Luis Donaldo Colosio. Planteé, de igual modo, sacar de sus madrigueras a los Madrazos y Bartletts que vivían agazapados en la sombra.

Obviamente este arranque temprano de campaña generó sorpresa, y el PRI, por ejemplo, se salió por completo de su ritmo habitual; hasta hace muy poco tiempo se estaba ahorcando con la cuerda que ellos mismos crearon, la vieja idea de que "aquel que se mueve no sale en la foto". Estaban muy preocupados por la brecha que he abierto y que difícilmente podrán remontar —ahí estaba Pancho Labastida desesperado, pidiéndole a gritos a Zedillo que lo liberara para competir, y lo pudo hacer, pero sin cumplir muchas de las tareas a las que se comprometió como secretario de Gobernación. No habrán terminado de recuperarse cuando yo les estaré dando nuevas sorpresas, y conste que no es amenaza.

En el PAN también hubo estupor y sorpresa. Hoy son conocidos los pronunciamientos de miembros de la jerarquía del partido, que acusaron a Vicente Fox de pasar por encima del PAN sin darle margen para elegir a su candidato, hasta dijeron que no es el partido el que está eligiendo candidato, sino que el candidato está eligiendo partido político. Mi postura es muy clara: si el partido cuenta con un liderazgo que avanza decididamente hacia delante, ese liderazgo debe convertirse en patrimonio del partido; lo último que debes hacer es tratar de detenerlo. El PAN ha sufrido importantes derrotas electorales y el partido debe realizar un gran esfuerzo para moverse hacia delante; por eso, y a diferencia de lo que plantean esas voces críticas, debe alcanzar ese liderazgo.

Cuando inicié la precampaña muchos vaticinaron desgaste y fracaso, pero hoy los cuestionamientos son a la inversa: cómo es posible que haya avanzado tanto. Cada trimestre, desde que arrancamos la precampaña, mi equipo realiza encuestas para conocer la intención de voto a nivel nacional y los datos no mienten.

Mi intención no fue la de avasallar al PAN o evitar que otros candidatos participaran en la elección interna. Simplemente decidí iniciar temprano, confiado en mi capacidad y en la de la propia sociedad; hay quienes, por el contrario, prefieren especular con los tiempos y esperar a que se den las condiciones.

En esta marea de críticas en torno a mi figura, hay quienes afirman que mi lenguaje no sólo es brusco, áspero e irritante, sino que carece del contenido y las ideas panistas. Difiero totalmente de quienes hacen esas aseveraciones pues soy tan panista como el que más. No sólo he vestido por once años camisa azul para recordarme todos los días para quién trabajo, sino que además vivo y pongo en práctica la doctrina de Acción Nacional. Quizá no soy el mejor promotor de esos valores, pero en el gobierno de Guanajuato y en mi práctica política vivo intensamente el respeto a la dignidad de las personas, la solidaridad, la búsqueda del bien común, los valores defendidos por Acción Nacional. Mi tarea es poner en práctica los principios, que otros sean los que hablen y difundan la doctrina.

Otro motivo de críticas ha sido la conformación del grupo Amigos de Fox. Conformar esta asociación civil, que hoy reúne a más de 300 mil mexicanos y mexicanas, fue una propuesta directa de ciudadanos deseosos de trabajar en política e involucrarse en procesos electorales, pero sin formar parte activa de un partido. Para integrarse a Amigos de Fox no existen requisitos de religión, edad o sexo. Vía Internet se tiene presencia en más de treinta países y en todos los estados de la república, y en los próximos meses estimo que el número de simpatizantes superará el millón.

Junto con una activa participación y compromiso de su parte, vino el ofrecimiento de fondos para mantener a todo vapor la campaña, a través de pequeñas aportaciones que van desde 5 a 1,000 pesos o incluso montos superiores. En Internet se tiene la lista de miles de nombres de ciudadanos que han invertido recursos para tener un país democrático, exitoso y triunfador. A mucha gente le llama la atención que alguien quiera invertir en democracia, procesos electorales justos y equitativos, pero ésa es la mejor inversión que existe, hoy por hoy.

Pero los suspicaces salen de hasta por debajo de las piedras. Carlos Chaurand, dirigente del PRI en Guanajuato, insinuó que la falta de información sobre los donantes hace pensar que hasta el narcotráfico podría estar infiltrado en mi precampaña. Esas sospechas se alimentaron, sostienen algunos medios, porque decidí vetar y congelar una iniciativa para prohibir que los servidores públicos reciban o soliciten recursos para proselitismo.

Aunque algunos de los simpatizantes nos piden mantener

sus nombres en el anonimato —a uno de los más activos colaboradores, la presidencia de la República lo citó a Los Pinos para preguntarle por qué me apoyaba tanto—, se tienen los controles suficientes para evitar que dinero de dudosa procedencia se infiltre a la campaña. Cualquier depósito que supere los 10,000 pesos y cuya procedencia no se pueda precisar con exactitud, es automáticamente rechazado por el banco que maneja la cuenta. Todo el dinero que se rechaza se destina a obras sociales. Que quede claro: la organización está registrada ante la Secretaría de Hacienda y Crédito Público, cumple cabalmente con las leyes fiscales, entrega en tiempo y forma sus declaraciones de ingresos y egresos sustentadas con facturas. Aquí no hay nada chueco.

Al interior del PAN, hay quienes piensan que Amigos de Fox está generando conflictos en el partido. Nuevamente este argumento carece de fundamento. Aunque la organización cuenta con ciudadanos sin afiliación partidista, en su gran mayoría está integrada por los propios panistas, dirigentes locales que, por voluntad propia, decidieron sumarse para fortalecer la campaña y llegar hasta la última aula universitaria u organización sindical.

Las actividades de Amigos de Fox no han significado un rompimiento con el PAN o su dirigencia. Siempre mantuve un diálogo intenso con la dirigencia panista para evitar que la precampaña metiera ruido al partido y ella, a su vez, nunca se involucró; en el PAN tenemos muy claro que los dirigentes no intervienen para inclinar la balanza a favor de persona o candidatura. Siguiendo esta línea, nunca le ha pedido a ningún panista que comprometa su voto a mi causa, todos los que se han integrado a la precampaña lo han hecho voluntariamente. Por supuesto que busco simpatías y presentarme ante mis correligionarios como un candidato y como la mejor opción.

Con el partido acordé eliminar todo tipo de conflicto. En

los lugares donde los disidentes o contestatarios de la dirigencia se amparaban bajo el nombre Amigos de Fox, eliminé de raíz el problema y no me he cansado de difundir que somos uno y lo mismo con el PAN.

La ventaja de una organización de esta naturaleza es que permite a todos aquellos que están renuentes a incorporarse a un partido político, integrarse el día de mañana a las filas de Acción Nacional si así es su deseo. La meta, por supuesto, es que todos los miembros de Amigos de Fox se sumen al PAN. Una vez definido el candidato se dará una convergencia total y absoluta, habrá un solo mando de campaña, integrado por el PAN y su dirigencia, así como por quienes hoy se ocupan de la conducción de la estrategia de mi campaña.

Hasta este momento hemos seguido como principio básico integrar al equipo talento, sea del PAN o de la sociedad civil. ¿A qué me refiero? José Luis González, quien fuera director de Coca Cola para México y Centroamérica y actualmente accionista de la cadena de Helados Bing, se hizo cargo hasta hace unos meses de la dirección y la planeación de mercadotecnia. Somos amigos desde la época en que ambos trabajábamos en Coca Cola en Tampico y me acompañó desde mi primera candidatura a gobernador en 1991; su salida obedeció a motivos personales. Las relaciones públicas con los empresarios las encomendé a Lino Korrodi, quien fue funcionario de Coca Cola por diez años y es mi amigo desde hace treinta; también colaboró en la campaña de 1991. Por el lado del PAN, contamos con el apoyo de Santiago Creel, diputado federal, para convocar al consejo político del partido y trabajar las alianzas con otras fuerzas políticas. Lo único que no puedes hacer, es imponerle límites al talento.

Al momento en que empaten las dos organizaciones, habrá definiciones sobre quiénes formarán parte del equipo de campaña. Mientras se concreta la integración, en Amigos de Fox se trabaja el concepto de redes. Por citar un caso, se tiene una nomenclatura que se abre a jóvenes que estudian y a aquellos que trabajan. En la primera división se abre una nueva subdivisión entre escuelas y universidades públicas y escuelas y universidades privadas; cada una, a su vez, se abre en cada una de las universidades en el país con sus respectivas carreras. El objetivo, siguiendo este ejemplo, es que exista un Amigo de Fox en cada uno de los salones de la carrera de arquitectura en la Universidad de Nuevo León. Cada uno de los simpatizantes conoce con exactitud cuál es su labor y la tarea cotidiana. Ésta es la organización que se fusionará con Acción Nacional al momento en que se concrete la estrategia de campaña del candidato.

El trabajo interno en el partido lo hemos denominado Centenium, y consiste en conformar una red adentro y un comité de precampaña integrado por casi todos los miembros del Comité Directivo Estatal de Guanajuato, los mismos que arrollaron al PRI en las elecciones de 1995. Se cuenta con una oficina especial en León con cien personas para crear hasta mil pequeños comités en el país en apoyo a nuestra candidatura.

Como estrategia he tratado de mantener en todo momento una gran apertura, lo que me da la posibilidad de platicar con representantes de distintas ideologías y mantener, por ejemplo, una relación de amistad con Enrique Krauze, sin que eso implique de su parte compromiso o integración al equipo de campaña.

"Eres medio acelerado y un impulsor de cambios —me dijo en cierta ocasión— pero nunca se te olvide que no puedes distanciarte de tu propia historia. Siempre se debe guardar una conexión con la historia del país, de lo contrario corres el riesgo de romper esa conexión." Ese planteamiento se ha convertido en una guía para las decisiones que tomo.

Al igual que con Krauze, me une una amistad con Jorge Castañeda y Adolfo Aguilar Zinser. De su parte no existe un compromiso con esta campaña, simple y sencillamente platicamos sobre política y México. Juan Manuel Gómez Morin, Francisco Barrio y Luis Felipe Bravo Mena, tampoco se han integrado al equipo de Fox, pero aun así intercambiamos ideas que permiten enriquecerme. En contrapartida, el apoyo de Ernesto Ruffo es claro y, aunque se ha integrado al equipo, no le puede dedicar tiempo completo pues debe atender asuntos personales. Carlos Medina nos brindó todo su apoyo, pero dejó muy claro que mientras sea coordinador de los diputados de Acción Nacional, no promovería mi candidatura.

Los dos años, en que dediqué sábados y domingos a reunirme con miles de mexicanos, me ha permitido formarme una idea muy clara de lo que espera el ciudadano del primer gobierno del siglo XXI. Lo sorprendente es que sus planteamientos están revestidos de una enorme sencillez. La única responsabilidad de un gobierno es entregarle cuentas claras a cada ciudadano. Lo único que pide el ciudadano es paz y tranquilidad, la oportunidad de mejorar su ingreso y formar un pequeño patrimonio, así como contar con oportunidades de crecimiento personal; la educación, la salud, una vivienda digna e infraestructura de calidad son factores indispensables para que un individuo pueda crecer en lo personal.

De lo único de lo que debe preocuparse un programa de gobierno, es de satisfacer estos planteamientos y, para eso, se requieren estructuras y funcionarios públicos que rindan cuentas, una verdadera autonomía de poderes, balance en el ejercicio del poder, así como un poder judicial autónomo, de calidad y honorabilidad. Atrás de cada uno de los planteamientos del ciudadano, debe existir un andamiaje fuerte de programas y acciones de gobierno.

Toda nuestra estrategia está concentrada en el Proyecto Millenium, que tiene como meta alcanzar el "Día V", es decir, el triunfo de la democracia en el año 2000.

Mi candidatura sin el PAN es impensable. No tendría sentido que corriera esta carrera sin Acción Nacional, necesito al partido para ganar la presidencia de la República, pero sobre todo para gobernar correctamente y con eficacia.

Ignoro si el PAN me necesita para ganar la presidencia. Si bien es evidente que las dos terceras partes del voto de un ciudadano hoy están dirigidas al candidato y una tercera parte al partido político, ambas partes son inseparables; para que un candidato funcione y su propuesta sea atractiva al electorado, requiere de un aval y un marco de garantías que provee el partido político.

En estos momentos debe prevalecer un panismo solidario, capaz de representar a los casi cien millones de mexicanos que integran a la población del país. Sería un error fatal dogmatizarnos; los partidos políticos deben ser instrumentos de la sociedad, de dominio universal. Y en esto el PAN tiene mucho por hacer, tiene muchos retos por cumplir sin perder sus valores universales.

A los hechos me remito

Al igual que la gubernatura de Guanajuato, la candidatura del PAN a la presidencia de la República la he trabajado mucho. El primer paso fue modificar el artículo 82 de la Constitución que me habilitó para ser candidato, restaurándose un legítimo derecho a miles de mexicanos. Hasta antes de esta reforma más de un millón de mexicanos y mexicanas éramos discriminados porque, a pesar de tener la nacionalidad mexicana, se nos impedía servir a nuestro país por el solo hecho de que alguno de nuestros padres no había nacido en México. Era una absoluta incongruencia darme la nacionalidad mexicana y, al mismo tiempo, prohibirme aspirar a la máxima dirigencia del país.

Aunque la idea era abrir las puertas de la participación en la candidatura de la presidencia de la República desde la elección en 1994, el Salinillas impuso un candado a la ley para que entrara en vigor hasta el 2000. Quién sabe, quizá de no haberse impuesto esa cláusula —en la que por cierto estuvo de acuerdo el PAN—, posiblemente hubiera participado en las elecciones de 1994, adelantando el debate con Diego.

Hace algunos meses, el priísta Eduardo Andrade andaba como loquito promoviendo dar marcha atrás a la reforma del 82. Aunque es prácticamente imposible que llegue a prosperar una intentona de este tipo, de darse, todo el mundo sabría que atrás de esa piel de demócrata que se ha puesto Zedillo, no hay más que lobos hambrientos de poder y dispuestos a retenerlo a costa de lo que sea.

¿Qué le ofrezco al país? Honestidad, trabajar un chingo y ser poco pendejo. Cuando platico con Roberto Hernández, presidente de BANAMEX y a quien me une una amistad desde nuestros años universitarios, me doy cuenta de que no concibe que un compañero de estudios pueda llegar a ser presidente de la República. El común de la gente piensa que sólo los que integran el gabinete presidencial están capacitados para serlo. Hay que terminar con esa falacia.

Roberto tampoco concibe que la planeación económica la hagan otros que no sean economistas de una corriente de pensamiento o los famosos tecnócratas. Nada más falso que eso, todo mundo sabe que una ama de casa es mejor economista que los burros de presidentes que hemos tenido. Basta nada más con ver el error que se cometió al elegir a un cuate como Zedillo de presidente; la primera magistratura requiere liderazgo, humanismo y humildad, características que no posee un tecnócrata. A ésos, a los técnicos, los contratas y les pagas un sueldo, ¿cuánto puede costar Gurría?, ¿cincuenta mil pesos al mes?

Pero un paso fundamental en esta carrera para obtener la presidencia de la República, es demostrar que el éxito del proyecto Guanajuato puede trascender al ámbito nacional. Mi primer objetivo fue, por lo tanto, entregar buenas cuentas en el estado; sería un tonto si hubiera pretendido lo contrario, porque mi candidatura simplemente no pasaría.

Menciono la palabra "éxito", porque en Guanajuato mantuve una administración muy puntual, sustentada no sólo en metas y objetivos cuantificables y medibles, sino en 150 indicadores de gestión, todos relacionados con el ciudadano.

Se establecieron indicadores generales en materia económica como crecimiento del PIB y del empleo. Somos el primer estado de la república en medir el crecimiento económico, hemos logrado un incremento de casi 30% por encima del comportamiento nacional. En materia educativa, medimos el número de años escolares promedio por ciudadano y el índice de deserción, pues uno de los principales problemas que enfrenta el país es el abandono masivo de las aulas.

En materia de seguridad pública, el índice de criminalidad revela que de 1995 a la fecha el número de delitos por cada mil habitantes se redujo de 14 a 8.9; mientras en cuestión de impunidad hemos mejorado nuestros indicadores 36% en tres años. En Guanajuato es más difícil que un criminal se salga con la suya. Si nos comparamos con la ciudad de México, en Guanajuato hay cuatro veces más probabilidades de que se le detenga y se le castigue.

Asimismo, el gobierno cuenta con índices muy positivos en materia cultural, deportiva y de salubridad como es mortalidad infantil y materna, entre otros aspectos. En lo que se refiere a gestión y buen gobierno, logramos reducir la burocracia casi en 20% y el gasto en 25%.

Este tipo de conducción me permite plantear una estrategia de campaña muy diferente a lo que tradicionalmente se ha visto. Por lo común, los candidatos se presentan con propuestas, promesas y planes que con dificultades cree el elector; yo, por el contrario, presento resultados de mi gestión.

Desde que asumí la gubernatura en 1995, me propuse manejar a Guanajuato como un país, no como un departamento del gobierno federal. Desde el principio de la administración promoví instrumentos propios de desarrollo económico local. Se puso en marcha un sistema financiero estatal, un Consejo de Ciencia y Tecnología, un Instituto de Educación Permanente, un Área de Comercio Internacional y un Instituto para la Calidad Estatal; ésos son instrumentos de política económica que no tiene algún otro estado de la república.

No hay mucha diferencia entre lo que haces a nivel municipal, estatal y nacional, únicamente es más grande la responsabilidad. En el fondo, las expectativas de la población son las mismas: seguridad, tranquilidad, oportunidades para tener una vida y un ingreso digno. La tarea de gobierno, en cualquiera de esos tres niveles, tiene que responder a estas demandas.

La única vía para resolver los problemas regionales es el federalismo. Si algo he hecho ha sido criticar severamente el que se tomen decisiones sobre asuntos regionales o locales en los escritorios de la ciudad de México. De llegar a la presidencia daré a conocer un decreto sobre descentralización —que ya está listo y esperando en el cajón—, a fin de compartir ampliamente el poder, la responsabilidad y el presupuesto. Mi meta es terminar con la presidencia imperial. Al país no lo gobernará un presidente, sino un equipo de trabajo con facultades, presupuesto y capacidad de decisión. A México lo van a gobernar 32 estados totalmente autónomos y soberanos, así como 2,900 presidencias municipales, que contarán con presupuesto y facultades propias.

Ya tengo en mente la nueva Secretaría de Comercio, que se denominará Secretaría de Comercio Internacional, integrada por representantes de cada rama industrial y que será la encargada de impulsar al aparato productivo hacia el mercado global, driving force del desarrollo económico. Los empresarios, sin importar su tamaño, deben entender que el mercado es global, no local. Es indispensable reorientar la política de desarrollo económico hacia dentro del país, hacia las regiones y los municipios. Una postura de este tipo, nos resuelve de entrada el problema del desarrollo regional y local. Tal parece que el gobierno federal se la vive buscando diamantes en el exterior, premiándolos con altas tasas de interés, con un tipo de cambio sobrevaluado, y se olvida de los propios mexicanos. Aquí están nuestros ejidatarios, nuestras mujeres, nuestros profesionistas, y todos te responden con creces al estímulo y a las oportunidades.

Mucho se ha dicho y cuestionado sobre mi activismo en el extranjero. El congreso local, de mayoría priísta, pretendió incluso prohibirme abandonar Guanajuato sin su autorización y tenerme aplastado en un escritorio. Lo que no entienden esos críticos, es que el éxito o fracaso de una empresa o una nación dependen en buena parte de la incursión en el ámbito internacional. Están verdaderamente idiotas aquellos que todavía pretenden que un gobernador o un presidente esté encerrado en una oficina; cualquier tomador de decisiones exitoso dedica 70 u 80% de su tiempo a viajar. Cuando no cuentas con un mercado interno sólido, la economía está deprimida y te enfrentas a tanta marginación y pobreza, tienes que salir al exterior a traer los recursos. Guanajuato se está llevando una buena tajada de las inversiones que llegan al país, las ventas del estado a los mercados internacionales crecen tres veces más que las nacionales.

La presencia en el extranjero tiene que ver, además, con la expresión política de la oposición. Hasta hace muy poco tiempo no existía más que la voz oficial, mintiendo y engañando al mundo entero; se conocía e interpretaba a México por lo que decía el gobierno y el partido oficial.

Para bien o para mal, el sistema político mexicano ha perdido totalmente su credibilidad entre la comunidad internacional. Ahora cuando la comunidad internacional escucha a la oposición, si bien sobreviene una reacción de sorpresa, ya se acepta la idea de que finalice la era del PRI. Al igual que los mexicanos estamos listos para sacar al PRI de Los Pinos en el año 2000, la opinión pública, los niveles políticos y empresariales internacionales, aceptan la idea del cambio.

Con esa comunidad financiera internacional, a la que considero fría y calculadora, hay que mantener un permanente contacto pues, finalmente, son los que controlan los grandes fondos que el país requiere para avanzar. Pero no hay que olvidar ser muy cautos y muy colmilludos para no dejarnos embaucar por las posiciones que asumen y que quieren imponer. Uno de nuestros mayores problemas, insisto, radica en la falta de autoridad moral de nuestros gobernantes, lo que los hace terriblemente débiles en cualquier negociación, sea para un crédito o para un programa de inversión. El día en que México cuente con autoridades legítimas, otros serán los resultados de cada relación y cada negociación.

Cuando viajo al extranjero ya me cuestionan sobre mi plataforma política y plan de gobierno. Sin duda, quisieran encontrarse con un lacayo o un obediente neoliberal sentado en la silla presidencial, pero definitivamente no lo tendrán. Propongo una tercera vía muy clara: ni el estatismo absorbente del pasado, ni el neoliberalismo de los apologistas del mercado. Lo que necesitamos es conducir el desarrollo desde el Estado, en armonía con el mercado y la sociedad. No se le pueden imponer las tasas de interés al mercado ni mucho menos controles, eso ya lo intentamos y fracasamos rotundamente. Tampoco se puede dejar al mercado conducir el desarrollo, eso significaría renunciar a nuestra propia capacidad e inteligencia. De las turbulencias financieras que azotaron a la economía mundial emergen importantes lecciones, y nos reiteraron el hecho de que los mercados mundiales de capitales se han convertido en estrictos supervisores de las políticas económicas de los países emergentes. El mercado recompensa políticas orientadas a la liberalización de la economía, el equilibrio en las finanzas públicas y la balanza de pagos, los que no siguen estos parámetros son severamente castigados.

Esta situación mundial nos obliga a replantearnos el papel que deben desempeñar en las crisis los organismos multilaterales como el Banco Mundial, el Fondo Monetario Internacional y el Banco Interamericano de Desarrollo. Tenemos que regresar al esquema de instituciones que surgieron de los acuerdos de Bretton Woods, a que prevalezcan los patrones como el oro o los consejos monetarios y a que se desarrollen códigos de ética en materia de flujos de capitales en el ámbito internacional. Es indispensable imponer reglas del juego, porque no se puede dejar al mercado una libertad absoluta. Para eso deberían servir las reuniones como el Foro de Cooperación Económica Asia-Pacífico y no para ir a pastorear presidentes.

Y en este contexto de turbulencias financieras, el debate sobre el esquema cambiario que más le convendría a México ha estado muy candente en los últimos meses. Es muy probable que como presidente plantearía una revisión del modelo actual, aunque todavía es muy temprano para afirmarlo. Siempre hay que tener a la vista todas las alternativas y no rechazarlas per se; Zedillo y Gurría simple y sencillamente se niegan a considerar cualquier otra vía que no sea la que ellos han establecido, lo cual es de necios.

Los retos para el nuevo presidente

Si gano las elecciones recibiré una presidencia totalmente desprestigiada, y lo primero que tendré que hacer será reconstruirla en términos de autoridad moral, legitimidad, consenso, ética y proximidad con la ciudadanía.

Esa autoridad moral es muy sencilla de alcanzar. La verdadera democracia la dan la transparencia, la honestidad y la rendición de cuentas de los funcionarios públicos. Enviaré al congreso federal una iniciativa de ley para terminar con el fuero de los políticos y funcionarios públicos en materia de delito común. Acciones de esta naturaleza son las que garantizan la autoridad moral, y si me dicen que seis años no son suficientes para construirla, puedo asegurar que con quince minutos y tres actos evidentes puedes demostrar que la cosa cambiará.

La autoridad moral y la limpieza en su quehacer deberá también ser la característica de todas las fuerzas encargadas de resguardar el orden público. No puedo concebirme seis años como presidente de la República sabiendo que tengo tras de mí una Policía Judicial Federal corrupta que opera a espaldas del Ejecutivo Federal. Para mí, la seguridad nacional radica en una economía que camina y una plena democracia. La democracia, la transparencia, la apertura y el éxito económico, te permiten mantener a un país en relativa paz.

Por eso sostengo que el verdadero reto de este país está en

cómo vamos a distribuir el ingreso, en cómo vamos a pasar a una educación promedio de doce años, que es la media mundial. Eso, y la seguridad pública y terminar con la corrupción, son los verdaderos retos, lo demás es pan comido. La absoluta mejoría y progreso es un proceso de veinte o treinta años; tiene que pasar toda una generación para alcanzar un mediano desarrollo.

El reto aquí es cómo lograr que la sociedad te tenga paciencia. Pero hay una forma: dándole resultados concretos, aunque pequeños, día con día y semana tras semana; los seres humanos no necesitamos más, sólo ver que nuestro pequeño poder adquisitivo en lugar de caer, como ha ocurrido en los últimos treinta años, empieza a crecer, aunque sea una centésima. Eso te anima a trabajar y a entrar a un círculo virtuoso. Lo mismo sucede con el problema de la inseguridad y la criminalidad; si en estas materias logras reducciones constantes, como hicimos en Guanajuato, no es necesario entregar de golpe el resultado de veinte años.

Lo fundamental es fijar en la mente de todos los mexicanos que podemos ser un país exitoso y triunfador. Mucho de la labor de un presidente de la República tiene que ver con vender sueños y proyectos que se pueden realizar.

Lidiar con un Banco de México encargado de la política monetaria y cambiaria de este país, autónomo y con un gobernador que fue sugerido por la pasada administración, no tiene por qué representarnos ningún problema, únicamente requerimos de una gran coherencia entre el modelo que elijamos y las acciones que se derivarán de él. El que Guillermo Ortiz no sea del "equipo de Fox" tampoco es un obstáculo para llevar una buena administración. Los miembros del gabinete no van a ser mis cuates, sino las personas más capaces y conocedoras de las distintas ramas de gobierno si eso aplica para miembros del PRI o del PRD, pues bienvenidos sean a mi administración. Nuestra meta debe ser formar un equipo de profesionales, no de contubernios o amiguismos.

Si todo sigue como hasta ahora, una asignatura pendiente que nos dejará Zedillo será la búsqueda de solución al conflicto armado de Chiapas y el Ejército Popular Revolucionario.

Durante una gira de trabajo sostuve que el problema de Chiapas lo podría arreglar en quince minutos, siempre y cuando el Subcomandante Marcos busque realmente la dignificación de los indígenas, el desarrollo humano y económico de Chiapas. Si eso es lo que quiere, nos arreglamos en quince minutos y hasta seríamos aliados en la causa. Si su posición es otra, la de romper la unidad nacional e independizar Chiapas, pues que lo diga y lo discutiremos en otro terreno.

Hay que analizar las cosas dentro de los tiempos en que suceden. Ahorita existe una declaración de guerra en contra de Zedillo y Salinas por neoliberales, por dictadores y por ser jefes de un gobierno imperial que aplastó y reprimió a los indígenas a través de cacicazgos. Salinas y Zedillo son los que tienen que resolver esa guerra y si no lo hacen me tocaría hacerlo a mí pero bajo otras condiciones y circunstancias. Habría que preguntarle a Marcos si mantiene su declaración de guerra a un gobierno que ya no es imperial, que ha sido electo democráticamente y está dispuesto a impulsar el desarrollo en el sureste. De su respuesta tendría que salir la estrategia a seguir. En caso de que Marcos pretenda mantener en la zozobra a todo el país, lo primero es que la opinión pública nacional e internacional conozca su postura.

Nuevamente, se requiere de una presidencia de la República con autoridad moral y credibilidad, porque Zedillo podrá decir misa pero nadie le cree. Lo que está claro es que cualquiera que sea la alternativa a seguir, mi actuación se basaría en un diálogo directo. Un asunto de esa magnitud no se lo encargo a chícharos, yo lo vería personalmente. Es más, desde el momento en que sea formalmente candidato buscaría ese acercamiento, sólo faltaría que Marcos me quisiera recibir.

Pese a lo que se diga no puedo concebir que el obispo Samuel Ruiz sea una mala persona. Puede ser quizá obcecado y un completo apasionado de la defensa de los pueblos indígenas, pero uno no lo puede tachar de guerrillero. Lo que sucede es que verdaderamente cree en el mundo indígena y cuando se enfrenta a la pobreza y marginación le hierve la sangre. Por ejemplo, no me concibo diciendo la bola de majaderías que siempre me salen de la boca si no me inspiraran los excluidos del desarrollo; estoy comprometido con ellos hasta los huesos, porque me cala muy profundo ver cómo amigos que conocí en el rancho pasan sus setenta años de existencia tragando frijoles y tortillas, sin ninguna satisfacción en la vida más que trabajar como burros.

No estoy en contra del obispo, al revés, me gustaría tener largas pláticas con él, a lo mejor aprendo cómo se debe tener pasión y compasión para buscar un mundo más equilibrado y justo. Aquellos que lo critican lo hacen sin conocerlo.

La mejor arma que tienes como gobierno para enfrentarte con las etnias indígenas es la información y la educación. En Guanajuato nos concentramos en un trabajo muy especial con misiones chichimecas —el único pedacito indígena en el estado—, poniendo a su disposición vivienda, agua potable, educación, desarrollo económico y agropecuario. Es increíble, pero la primera respuesta que tuvimos de parte de estas comunidades fue que nos saliéramos de ahí porque les estábamos alebrestando a las mujeres. Tuvimos que formar un consejo de la propia comunidad, y son ellos los que instrumentan y ponen a andar los programas. Son choques culturales y diferencias de pensamiento.

Este proceso que vivimos nosotros en Misión Chichimeca, es un debate continuo entre el mundo indígena y el mundo civilizado. Mientras se dé en esos términos resulta enriquecedor y de un gran aprendizaje; en Chiapas hay que hacer eso.

En el sureste ése es el verdadero reto, no el EZLN o el EPR. Al sureste le ha tocado bailar con la más fea, le ha tocado lo peor del desarrollo y la educación. Propondría un plan muy audaz y agresivo de desarrollo para esa región, muy a pesar de los apologistas de la naturaleza. Debemos llevarles pavimento y calles, pensar en macroproyectos de gran impacto en términos de infraestructura y en un plan audaz de incentivos para la inversión. Podríamos crear empresas y empleos en menos que canta un gallo con el mero incentivo de exentar de impuestos por diez años a toda empresa que se instale en el sureste. Nuevamente dirán que soy simplista en mis soluciones, pero así lo veo.

El desarrollo es lo que va a botar de Guerrero al EPR, no hay que ir a enfrentarlo. Si están desperdigados en la sierra de Guerrero, ahí es donde tenemos que mandar microcréditos como los de Santa Fe de Guanajuato, impulsar un proceso educativo fenomenal. Tarde o temprano terminaremos por aniquilar al EPR. La guerrilla de América Latina es producto del hambre, la represión y la marginación, la mejor manera de terminar con ella es el desarrollo. La creación de un nuevo proyecto de nación debe incluir un amplio pacto de gobernabilidad y un compromiso con el desarrollo humano. Gobernabilidad tiene que ver con la conducción eficiente del país y las condiciones mínimas para despegar, de las que he hablado en páginas anteriores.

LOS DESAFÍOS DE MÉXICO

No nos engañemos

Independientemente de las cifras macroeconómicas, la situación de México es seria. Hoy, como a inicios de siglo, nuestro país enfrenta graves contrastes, polarizaciones sociales excesivas y profundas heridas en el tejido social.

Hemos perdido el siglo

- A lo largo de este siglo, no hemos sido lo suficientemente hábiles para crecer, y menos para distribuir la riqueza.
- Ocupamos el lugar 49 a nivel mundial en materia de desarrollo humano, a pesar de encontrarnos dentro de los primeros 15 por disponibilidad de recursos.
- Ha faltado visión para invertir en el desarrollo de nuestra propia gente. El promedio de educación es de apenas siete años por habitante y está pésimamente distribuido.
- Los contrastes en el desarrollo regional son evidentes. Hemos construido varios países en un mismo territorio.
- En materia de competitividad un estudio internacional reciente clasificó a México en el número 40 de un total de 46 países.
- La estabilidad macroeconómica es un concepto conoci-

do por esta generación sólo en los libros de texto. De las crisis de fin de sexenio hemos pasado al sexenio de la crisis sin final.

• Los rezagos en infraestructura afectan la competitividad del sector privado y el nivel de vida de millones de mexicanos.

• La corrupción ha permeado nuestra sociedad, erosionando la justicia, la confianza de los ciudadanos en sus autoridades y el funcionamiento eficaz de la economía.

• Las instituciones del Estado han sido penetradas por el crimen organizado y el narcotráfico, lo que ha minado la fe del ciudadano en ellas. La creciente inseguridad pública se ha colocado en el centro del debate nacional.

• La democracia se ha reducido a la simple participación del ciudadano en las urnas, y aun esto sigue siendo cuestionado.

• A pesar de los malos gobiernos que hemos tenido, los mexicanos no estamos derrotados, seguimos en pie de lucha.

He recorrido el país y en todos lados encuentro mexicanos exigentes y con grandes expectativas y deseos de cambio:

• Las mujeres demandan que su trabajo sea revalorado; que se legisle contra la violencia intrafamiliar, los delitos sexuales y la discriminación laboral; que se reconozca su papel como miembros vitales y valiosos de la sociedad.

• Los jóvenes exigen espacios para canalizar constructivamente su energía y su impulso creador.

• Los campesinos quieren oportunidades en su propia tierra. Anhelan mantenerse junto a la familia y en su entorno.

• Los indígenas demandan respeto a sus costumbres y tradiciones. Requieren de oportunidades para vivir con dignidad.

• Los obreros y empleados exigen un ingreso a la altura de su esfuerzo, y servicios sociales a la altura de sus contribuciones.

• Los empresarios necesitan reglas claras, seguridad jurídica y estabilidad para poder planear.

- Los ciudadanos queremos estar más cerca de nuestros gobernantes y que éstos cuiden el dinero que tanto cuesta generar.
- Los funcionarios queremos cambiar la imagen del político corrupto, del político inútil, de la palabra sin compromiso.
- Los servidores públicos quieren redimensionar su papel, que no se les vea como una carga pesada, como una burocracia ineficiente que consume grandes cantidades de recursos y no ofrece servicios de calidad a los ciudadanos.
- Los estados y los municipios exigen que se les reconozca la mayoría de edad.
- Los mexicanos queremos poner un hasta aquí a la era en la que el grupo en el poder se sentía dueño de la verdad, heredero universal de la historia nacional y exclusivo depositario de la voluntad y los intereses de la sociedad.

Visión del nuevo México

México necesita concretar el cambio que durante décadas ha sido un anhelo insatisfecho. Este cambio vendrá del exterior del poder o no vendrá.

Tendrá que ser fruto del análisis y la propuesta ciudadana; de una amplia reflexión, de la experiencia y los conocimientos de mexicanos destacados de dentro y fuera del país.

México requiere de un nuevo pacto social, de un proyecto nacional que nos lleve a construir un desarrollo sostenido, justo y equitativo.

México requiere de una nueva revolución. La primera revolución del siglo XXI. Una revolución de sistemas, de métodos, de organización, de compromisos y de resultados. Una revolución que permita en una sola generación, lograr lo que los países desarrollados lograron durante el siglo. Una revolución que instaure un gobierno libre de corrupción, de intereses y privilegios personales. Un gobierno que haga eficientes las estructuras gubernamentales y transforme radicalmente la cultura de los servidores públicos. Un movimiento social que permita que México, en una generación, triplique su economía, erradique la pobreza extrema y alcance una distribución justa y equitativa de la riqueza.

"¿Quién se atreverá a poner límites al ingenio de los hombres?", sentenció hace siglos Galileo Galilei. Hoy nosotros preguntamos: ¿Quién se atreverá a poner límites a la sed de triunfo del pueblo mexicano?

Nuestra nación reclama audacia, pasión y mucho trabajo para convertirse en un país de vanguardia económica y elevado desarrollo humano, donde se pueda vivir en paz y la democracia se convierta en oportunidades para que todos tengan una vida digna.

He recorrido el país, he visitado todos los estados de la república, he estado en el campo y en las ciudades; he tenido innumerables reuniones, he recibido muchas propuestas, he escuchado a miles de mexicanos, y en todos lados encuentro ciudadanos cansados de tanta corrupción y tantos errores, mexicanos que demandan un cambio.

Un cambio que nos conduzca a una democracia moderna, de grandes vuelos, que asegure crecimiento económico y empleo, desarrollo personal, una vida pacífica y segura. Ésos son los desafíos que enfrentaremos los primeros gobernantes del siglo XXI.

Los cinco desafíos

En materia económica el desafío es alcanzar un desarrollo económico con rostro humano, pasar de las crisis sexenales al crecimiento sostenido, de leyes discrecionales a garantías jurídicas para los emprendedores, del equilibrio macroeconómico al impulso de la microeconomía, del progreso de pocos a las oportunidades para todos, de bajos salarios a remuneraciones dignas, basadas en el incremento de la productividad.

Para lograr lo anterior los pilares que sustentarán la acción de gobierno serán:

1. Un programa macroeconómico creíble que garantice la estabilidad de la economía.

Mi propuesta contempla mantener la disciplina fiscal a fin de que el déficit público no sea causa de presiones inflacionarias, un programa monetario cuyo objetivo sea lograr inflaciones de un dígito y una política cambiaria cuya meta sea crear las condiciones para tener tasas de interés en niveles comparables con las observadas en los mercados internacionales.

El objetivo será alcanzar un superávit para el tercer año de gobierno y tasas de inflación similares a las de nuestros principales socios comerciales, con una plena independencia del Banco de México.

2. Un programa de reformas estructurales que mejoren la competitividad de la economía.

En mi administración enfrentaremos el reto de transformar empresas públicas de Estado en empresas públicas de mercado en las que la oportunidad de un mayor beneficio para los mexicanos y una mejora de las condiciones de competitividad de nuestras empresas. Finalizaremos la reforma del sector financiero a fin de constituir un sistema sólido que sea un verdadero impulsor del desarrollo; promoveremos una reforma laboral que proteja los derechos de los trabajadores mexicanos, al tiempo que acerca nuestra legislación laboral a los estándares de nuestros principales socios comerciales.

El objetivo es que nuestras empresas dispongan de los elementos para competir en un mundo globalizado.

3. Un marco legal claro y transparente.

Propondremos reformas que reduzcan los costos de hacer negocios en México; reduciremos al mínimo necesario las regulaciones para iniciar empresas; eliminaremos los poderes discrecionales de las agencias públicas que regulan la inversión, el comercio y las relaciones laborales; y propondremos medidas que mejoren la eficiencia del sistema judicial del país.

El objetivo será contar con un marco legal creíble que facilite y estimule la inversión.

4. Restructurar el gobierno para convertir al comercio exterior en el motor de la economía.

En mi gobierno se restructurará el papel del sector público en materia económica, para participar activamente en la promoción de una mayor competitividad de los sectores productivos, en particular de las pequeñas y medianas empresas, a fin de que el comercio exterior pueda constituirse en el motor de la actividad económica. Nuestras representaciones en el exterior se sumarán al esfuerzo de búsqueda de mercados y se apoyará la transferencia de tecnología a fin de que nuestras empresas puedan competir en igualdad de circunstancias.

El objetivo es incrementar la internacionalización de la economía, particularmente de las pequeñas y medianas empresas.

5. Generar oportunidades para incorporar al sector informal a la economía de mercado.

Un elemento distintivo de mi gobierno será la creación de un programa integral de banca social a fin de que todo aquel emprendedor que, por falta de apoyo, no logra desarrollarse o trabaja en la economía informal, tenga posibilidad de poner un negocio o autoemplearse, y formalice por completo su actividad económica. De la misma manera se propondrán reformas fiscales y administrativas para facilitar que el sector informal se incorpore a la economía de mercado.

El objetivo es democratizar la economía, dotando de capacidades y oportunidades a todos los mexicanos, en especial a aquellos hasta ahora excluidos del desarrollo.

En materia social el desafío es lograr el pleno desarrollo de las capacidades humanas; pasar de islotes de prosperidad a la apertura de oportunidades para todos; de la educación pública, laica y gratuita, a la educación pública, laica y gratuita, de calidad y con valores; pasar del paternalismo al fortalecimiento de las capacidades de los individuos.

Para lograr lo anterior los pilares que sustentarán la acción de gobierno serán:

- Impulsar un crecimiento económico más equilibrado.

El crecimiento económico es una herramienta indispensable para alcanzar el bienestar social; sin embargo, en nuestro país el crecimiento se ha concentrado en ciertos estados y regiones. En mi gobierno se combinarán las políticas encaminadas a alcanzar el crecimiento económico con políticas sociales y de infraestructura que mejoren la competitividad de las regiones y los estados que se han quedado rezagados en materia económica.

El objetivo es asegurar que todas las regiones crezcan y dispongan de los elementos vitales para crear empleos y desarrollarse.

- Provocar una revolución educativa.

La gran apuesta de mi gobierno estará en la educación. Sólo con una educación moderna y de calidad, que no sea el privilegio de unos cuantos, sino que realmente esté al alcance de todos, tendremos el país exitoso y justo que todos anhelamos.

El objetivo es lograr que en el corto plazo México cuente con al menos diez años de educación por persona.

- Garantizar oportunidades para todos.

El Estado debe garantizar un conjunto básico de oportunidades que tengan como prioridad la educación, la salud, la vivienda y los servicios públicos esenciales. La infraestructura para acceder a esas oportunidades debe formar parte de los compromisos públicos que sean cuantificables y verificables y, por tanto, exigibles por parte de los ciudadanos.

El objetivo es asegurar que en cada rincón del país existan polos de desarrollo dotados de una infraestructura digna y de calidad.

- Impulsar el desarrollo local.

México requiere un desarrollo local propio, que surja desde abajo, desde las comunidades, sobre la base de la participación de los propios involucrados, los mercados regionales y los recursos naturales de la zona. En mi gobierno los programas se generarán en las propias comunidades, se privilegiará la organización local y el fortalecimiento de capacidades en conjunto.

El objetivo es elevar el capital social partiendo de las propias comunidades, generando un ambiente de confianza y trabajo conjunto.

- Restructurar el Estado e impulsar la integración de la sociedad civil en la atención de los grupos vulnerables y débiles.

El Estado debe ser el principal promotor de los programas sociales, no necesariamente debe ser su administrador, su responsabilidad está en canalizar una mayor proporción del gasto público al gasto social. En México es común observar diferentes manifestaciones de solidaridad entre los ciudadanos; por eso estamos convencidos de que el Estado debe ser facilitador de estas iniciativas para atender a grupos menos favorecidos; debe ser el promotor para que con el trabajo conjunto y profesional de sociedad y gobierno se atienda en el menor plazo posible a los grupos vulnerables y débiles.

En materia de seguridad el desafío es vivir en paz con seguridad y justicia; pasar de la impunidad a la aplicación de la ley; de la corrección a la prevención del delito; de la prepotencia al espíritu de servicio y la eficiencia; de la violación a los derechos humanos a su defensa y promoción.

Para lograr lo anterior los pilares que sustentarán la acción de gobierno serán:

1. Vivir permanentemente en un Estado de derecho.

El Estado de derecho es aquel en el que, tanto autoridades como particulares, se someten al imperio de la ley; una ley respetuosa de los derechos y libertades fundamentales. Para ello en mi gobierno promoveremos una verdadera separación de poderes; propondremos la eliminación del fuero para los servidores públicos; e impulsaremos mecanismos para que la sociedad vigile a su gobierno, le pida cuentas y lo califique.

A los mexicanos nos urge revalorar el derecho como un instrumento eficaz para organizar con justicia la convivencia humana, a partir de la igualdad jurídica.

2. Disminuir la impunidad.

El problema de la seguridad pública y de la procuración e impartición de justicia más que de leyes es de impunidad, de ineficacia para aplicar la ley existente. Nuestras leyes imponen un alto precio a las conductas delictivas, pero las ineficacias institucionales las tienen en permanente oferta. Entendemos que ninguna reforma legal podrá, por sí misma, desalentar a los criminales potenciales mientras no se incremente la eficacia de los medios de persecución que ofrece la autoridad. Éste será uno de mis compromisos.

Aspiro a un país donde los ciudadanos tengamos confianza en la procuración e impartición de justicia y en el cual las familias vivan en paz y duerman tranquilas sabiendo que su gobierno vela por la seguridad.

3. Profesionalizar y modernizar las instituciones públicas.

El fortalecimiento institucional de la procuración de justicia es una de las acciones impostergables para revertir la inercia burocrática a favor de la impunidad. En mi gobierno se fortalecerán los sistemas de información y la indagación profesional y científica para esclarecer más casos e identificar más delincuentes. Estamos seguros de que ello desalentará a los infractores potenciales.

4. Profesionalizar a los servidores públicos.

El principal desafío en la procuración de justicia es la capacidad y honradez de sus elementos y la calidad y eficiencia de sus servicios. La sociedad no cree en sus servidores públicos. Diseñaremos un sistema de incentivos e implementaremos programas profesionales de capacitación, especialización y moralización de los cuerpos policiacos. En materia de seguridad pública ya no caben las ineptitudes, la corrupción o el encubrimiento.

5. Combatir sin cuartel al crimen organizado y al narcotráfico.

En esta materia no se lograrán avances reales mientras no se ataquen los principales vicios que evidencian nuestras instituciones policiacas y de procuración de justicia: la penetración de las propias organizaciones criminales en su seno. Únicamente depurando las corporaciones policiacas, el ciudadano verá en la denuncia una estrategia viable para la reducción de la delincuencia.

Para lograr superar con éxito los desafíos ya mencionados: crecimiento económico y empleo; desarrollo personal; y una vida pacífica y segura, es indispensable enfrentar dos desafíos adicionales: la democracia y el buen gobierno; y disponer de recursos para el desarrollo.

En materia de democracia y buen gobierno el desafío se denomina: poder compartido y gobierno eficaz; pasar del fraude a las cuentas claras, del centralismo asfixiante al federalismo, del presidencialismo a la fortaleza de las instituciones, de las grandes burocracias a un gobierno ligero y eficiente.

Para lograr lo anterior los pilares que sustentarán la acción de gobierno serán:

1. Renovar nuestra democracia.

La democracia no sólo implica que en el país tengamos procesos electorales creíbles y con respeto a la voluntad popular, impecables, con respeto al voto y a los derechos humanos; sino también abrir más y más canales para la participación ciudadana, espacios donde los ciudadanos se sientan dueños del quehacer público, responsables del éxito o fracaso de la sociedad y donde vean a las autoridades públicas como sus socios para lograr el bien común y no como sus obstáculos.

A los mexicanos nos urge alcanzar la plenitud democrática, dejar atrás desconfianzas y enfrentamientos. Nos urge ser tomados en cuenta permanentemente y tener voz y voto en todas las decisiones que afecten la marcha de la nación.

2. Hacer realidad el federalismo.

Nuestro país será tan fuerte como lo sean cada una de sus partes, por eso urge terminar con el centralismo político y administrativo. El federalismo es la única manera de promover decisiones oportunas y apropiadas para los problemas locales, y asegurar un desarrollo armónico del país.

3. Asegurar la autonomía y el equilibrio de poderes.

Vivir en los hechos la filosofía de nuestra Constitución que se puede resumir en las sabias palabras de los legisladores que integraron, en 1826, la primera Carta Magna del estado de Guanajuato: "Estos poderes que cuando reunidos forman un torrente que todo lo devasta, cuando van separados son mansos arroyos que fecundan y fertilizan". Es prioritario asegurar que los balances y contrapesos entre ellos operen como fuerzas crecientes y no menguantes.

4. Gobernar por resultados.

Reinventar el gobierno de tal manera que la autoridad actúe con un espíritu emprendedor y menos burocrático, instaurando una cultura de calidad que hace que el gobierno trabaje mejor, cueste menos y dé más y mejores servicios a los ciudadanos. Al igual que la mayoría de los mexicanos, aspiro a un gobierno eficiente y con finanzas sanas; a un gobierno moderno, con visión y determinación; honesto, que dé confianza y desate la energía social. A un gobierno realmente republicano y federalista.

5. Ser implacable contra la corrupción.

México se ubica entre los países más corruptos del mundo. El impacto negativo de la corrupción es el debilitamiento de la confianza de la sociedad en sus instituciones y el relajamiento del Estado de derecho. Por su complejidad debe encararse con una terapia institucional intensiva, de muchos frentes: programas de calidad, capacitación, servicio civil de carrera, modernización administrativa, proceso de reingeniería, participación ciudadana, etcétera; todo enmarcado en señales visibles del más alto nivel de que no se tolerará la corrupción.

Finalmente, el ultimo desafío es contar con mayores recursos para el desarrollo; potenciar y ampliar los recursos humanos, naturales y financieros para el desarrollo de México, tanto para el gobierno como para la sociedad, haciendo un uso racional y adecuado de los mismos.

Para lograr lo anterior los pilares que sustentarán la acción de gobierno serán:

a) Promover una reforma fiscal equitativa, clara y transparente.

Para que el Estado pueda ser realmente un impulsor del desarrollo, es necesario solucionar a la brevedad su situación financiera. El sistema tributario mexicano está imposibilitado para generar ingresos fiscales que sean eficientes, equitativos y promotores de inversión y ahorro. Necesitamos realizar una verdadera reforma fiscal que diversifique los ingresos fiscales y genere acciones para reducir la evasión mediante mejoras administrativas y simplificación en el registro y pago de los impuestos.

b) Mejorar la captación del ahorro externo. Ampliar la atracción de inversiones y las exportaciones.

Hoy en día hay más de 256,000 millones de dólares de flujos privados en el mundo, de los cuales casi 50% son flujos de inversión extranjera directa, recursos que necesitan los países en desarrollo como México, no sólo para financiar proyectos a largo plazo, sino para atraer nueva tecnología y tener acceso a más mercados internacionales. La inversión extranjera directa está buscando países con estabilidad, seguridad jurídica y buenas expectativas económicas de largo plazo. Eso lo podemos ofrecer con un nuevo gobierno.

c) Impulsar el ahorro interno, público y privado.

No es cierto que la sociedad mexicana no ahorre, lo que sucede es que no dispone de la confianza y los instrumentos para ahorrar. Diseñaremos mecanismos para atraer el ahorro de mexicanos en el exterior, instrumentos para captar el ahorro popular y para ampliar la base del ahorro para el retiro.

d) Impulsar la participación activa de la sociedad civil.

Los problemas nacionales no se van a superar desde el Estado. El Estado y la sociedad debemos reconocer que los retos nacionales no podrán superarse sin la colaboración activa de la sociedad; por mi parte, estoy convencido de que el Estado no puede asumir todos los roles y que sólo deberá asumir los roles que los actores privados y sociales no puedan desempeñar de forma más eficiente.

e) Hacer una mejor gestión de los recursos naturales.

En nuestro país la falta de atención y soluciones claras a los problemas ambientales que hoy vivimos no es un problema de competencias, sino de incompetencia, de una visión centralista. La maraña burocrática se ha apoderado de la gestión ambiental, por lo que constituye el primer obstáculo a vencer. Es necesario ofrecer alternativas más efectivas y menos costosas a los problemas ambientales. Sistemas de precios, de responsabilidades individuales y rendición de cuentas, son los incentivos más claros y transparentes para cuidar el medio ambiente. Es necesario reconocer y convencer a la población de que el progreso no es enemigo del medio ambiente.

Éstos son los desafíos que tiene México para ser una nación exitosa, de vanguardia para el siglo XXI. Superar estos retos requiere voluntad política, talento y mucho trabajo. Pero lo más importante es que hoy los mexicanos hagamos un ejercicio serio de reflexión y construyamos juntos un gran proyecto nacional, incluyente y ampliamente consensado.

Aspiro a que los mexicanos podamos forjar, mediante el diálogo y el consenso, un México con futuro y esperanza. Creo junto con millones de mexicanos en un México diferente y mejor. Tengo plena confianza en que en una generación podemos hacer realidad este sueño.

¡Derribemos cualquier barrera que nos lo impida!

Anexo

Texto del discurso pronunciado por VF el 10 de junio de 1999, con motivo de su registro como candidato a la Presidencia

Exactamente en un año, vamos a decidir juntos qué país queremos tener para nosotros y nuestros hijos. Sólo tenemos un año para construir el movimiento que nos permitirá realizar nuestros sueños y esperanzas. Para ganar el futuro juntos. Para trabajar y comprometernos con nosotros mismos. La decisión ya fue tomada por todos nosotros. No hay más que dos caminos: seguir por el camino recorrido durante setenta años de constantes promesas sin cumplir o iniciar el nuevo rumbo, en el nuevo milenio, con una nación exitosa. Dicen que los humanos somos los únicos seres en el mundo que tropezamos con la misma piedra dos veces. Ya no más. Nos hemos tropezado muchas veces pero esta vez vamos a superar la trampa. No habrá más tropiezos. El 2 de julio del año 2000 empezaremos un México mejor; serán los mismos rostros de ustedes, la misma geografía, el mismo país que nos enamora, pero será mejor: se reflejará en el rostro lleno de esperanza de nuestros hijos. Conviene que reflexionemos, los invito a detenernos un momento; los invito a preguntarnos:

¿A dónde iremos a parar si México sigue así?
¿Queremos ver la misma película de estos setenta años?
¿Cómo es la vida hoy en este país?
¿Qué significa el cambio para ustedes, incertidumbre o esperanza?

Debemos aceptar que el México de hoy nos duele, el siglo que se va será recordado como el pasado perdido, lleno de recursos y lleno de promesas. Ya no más. En esta hora, ustedes, las mujeres, los jóvenes, nuestras familias, el México trabajador y sencillo, puede diseñar la historia del siglo XXI: somos muy afortunados. ¡Lo somos!

En nuestras manos está terminar con setenta años de pobreza y mentira. No permitiremos que dentro de seis años sigamos hablando de setenta y seis años de lo mismo. Puedo decir que somos muy afortunados porque tenemos la oportunidad de cambiar el rumbo y rescatar a nuestra patria. Somos muy afortunados porque, al llegar a un nuevo siglo, podemos darnos un nuevo gobierno. No tenemos tiempo que perder, ¡ya hemos perdido setenta años! Ha llegado el momento de que nos comprometamos:

• A proteger a la generación que viene, equipándola con educación y con valores que garanticen nuestro futuro.
• A compartir lo mejor de nosotros: nuestro esfuerzo y talento, con los que menos tienen.

- A disfrutar a diario y en cada mesa el pan de la tranquilidad y el del trabajo honesto.
- A la reconciliación nacional, para evitar el odio o la violencia y que, más allá de colores o partidos, pensemos en México.
- A vivir tranquilos, desterrando la violencia con firmeza y con valor.

Partiremos en dos el curso de la historia nacional. En el México que se fue y el que vendrá. Creemos con todo el corazón y toda nuestra fe que el tiempo de controlar nuestro futuro ha llegado. Hagamos este compromiso frente a nuestros hijos, y con nosotros mismos. Lo necesitamos, lo merecemos, ¡y lo podemos lograr!

Seremos lo que soñamos. Nuestro objetivo es emprender la marcha desde hoy, un año antes, y construir el camino que nos pondrá listos y preparados para tomar las riendas de nuestro destino el 2 de julio del año 2000. Ese día, tendremos la oportunidad de votar por nuestros hijos. Tendremos en nuestras manos el futuro... Tenemos sólo un año.

Trabajemos los próximos días para darle sentido a nuestra esperanza, y un nuevo rostro a nuestra nación. Escribamos una nueva página, limpiemos el color de nuestro país, y escribamos una historia de éxito para los mexicanos, donde el que gane sea México.

Nuestra generación sabe hacer compromisos

Nuestra generación garantizará que México sea, en el siglo XXI, una nación exitosa. Somos cimientos del próximo siglo. Y los cimientos de un puente que conduce al futuro deben edificarse con toda precisión y con gran optimismo. No hay aquí espacio para el pesimismo, ni para el miedo. Nuestra generación enfrenta grandes desafíos. Debemos entrarle fuerte y a fondo.

¡No más mexicanos agobiados por la crisis! Nuestro crecimiento económico debe tener como meta comida en la mesa de cada familia. Las cifras no se comen.

¡No más familias sumidas en la pobreza y la marginación! Nuestro desarrollo debe estar a la vista de todos: agua, casa, salud, vestido y sustento, basados en trabajo y empleo, deben vivirse a diario en todos los hogares.

¡No más niñas y niños sin esperanza ni futuro! Nuestra generación tiene el deber de regresar a nuestros niños la esperanza y la fe que tantas veces nos han querido arrancar. Ellos son nuestro mayor tesoro. Asumamos el reto de brindarles oportunidades educativas a manos llenas, de asegurarles un futuro con tranquilidad, paz y alegría.

¡No más inseguridad e incertidumbre! Las familias de ustedes, las de cada mexicano, merecen vivir en paz y con seguridad. A partir del año 2000, el reto es terminar con el crimen; seremos firmes, habrá verdadera autoridad. Para esta obra se requiere valor y valores; cuenten conmigo en forma total.

¡No más injusticia y corrupción! Podemos superar estos desafíos, sólo necesitamos lo que ustedes quieren: trabajo y honestidad. En nuestras manos está que México pase de la corrupción a la honestidad en el ejercicio de gobierno, del fraude a las cuentas claras, de la prepotencia que hoy se vive al espíritu de servicio.

¡No más gobiernos timoratos e ineficientes! Llegó la hora del buen gobierno. El desafío es desterrar para siempre setenta años de fraude y corrupción. Haremos un gobierno honrado y eficiente, que rinda cuentas claras a la sociedad, un gobierno del que todos nos sintamos orgullosos, que sea aliado de la sociedad y no un estorbo para el desarrollo.

Rescatemos la próxima generación

Protejamos nuestro futuro. Los mexicanos tenemos razones justas, trabajo honrado, sueños, deseos, en suma: tenemos todo, ¡confiemos en nosotros mismos! Debemos comprometernos con cada niña, con cada niño. Lo más justo es que ellos tengan un México mejor. Un México en donde cada día se respire paz, donde el trabajo se premie y el aire sea limpio. Nuestro compromiso con la próxima generación es equiparla con educación, pero también con valores universales: honradez, respeto, verdad, ayuda al débil. Sólo así podremos garantizar nuestra supervivencia como familia y como nación. Esta generación se compromete con las generaciones del siglo XXI, para que encuentren políticas de Estado, sin sobresaltos, sin temores, y sin más anhelos que ser siempre mejores. Debemos ganar nuestro futuro. No podemos heredar a nuestros pequeños, el olor de la inseguridad y la contaminación, ni el sabor de la prepotencia, ni el de la incertidumbre. ¡Ya no más!

A las mujeres les digo: escuchen su corazón y su intuición, sus sueños y deseos se harán realidad.

A los jóvenes de México les digo: su talento merece respuesta, la tendrán en los hechos. Ustedes son los protagonistas de esta historia, la idea es que nos hablemos siempre de frente y con la verdad, como somos, auténticos y abiertos al cambio.

A los trabajadores del campo y la ciudad les digo: ustedes sostienen y dan vida a nuestra nación, su trabajo honesto es fuente de riqueza y de esperanza. Me comprometo con ustedes y con sus familias, ya no podemos fallarles nunca más.

A los pobres, a los que en estos setenta años fueron excluidos y olvidados, me comprometo en forma total con ustedes. Desde niño aprendí mucho de sus sueños y su fe en el futuro, llegó la hora de que reciban lo que ustedes ya han dado. Mi gobierno será evaluado por que en su vida diaria encuentren verdaderas oportunidades para crecer.

A la población más vulnerable, a nuestros hermanos mayores de la tercera edad, a las personas con discapacidad, a los niños de la calle: creo en ustedes, creo en su generosidad, creo en sus capacidades. En el gobierno del nuevo siglo ustedes tendrán un espacio para demostrar su grandeza.

A nuestros niños, la chispa de sus ojos es mi motor y mi fuerza, sus rostros me animan a diario. A todos nos animan siempre a seguir trabajando sin descanso. Ustedes son la razón de nuestro esfuerzo. Me comprometo a protegerlos y a prepararlos, ustedes recibirán el nuevo milenio, ustedes tendrán un país exitoso.

A los servidores públicos los invito a sumarse al cambio, a trabajar para todos los mexicanos; su talento y su esfuerzo diseñará al nuevo México, haremos con ustedes un gobierno de calidad.

A los miembros de Acción Nacional, a los panistas de todo México, a las mujeres y hombres libres que han dado tiempo y trabajo, talento y convicción les digo: sus ideales, sus sueños, sus luchas, el trabajo de Manuel Gómez Morin y el de Manuel Clouthier serán consolidados por nosotros. En la presidencia de la República estarán las ideas y los valores, serviré con los principios de Acción Nacional, con los valores de todos los mexicanos.

A todos los partidos políticos con verdadera vocación democrática les digo: nuestra lucha es la misma, porque lo que importa es México.

A las naciones del mundo y a los líderes de la comunidad internacional les manifiesto desde ahora que México pondrá su parte para edificar un mundo más humano, enriqueceremos con el talento de los mexicanos el proceso de globalización. Haremos que México se convierta en un modelo para el desarrollo del siglo XXI.

A todos los mexicanos les ofrezco mi vida incondicionalmente para juntos formar un mejor futuro, y quiero que se entienda: este compromiso lo asumo hasta sus últimas consecuencias.

Los invito a realizar la primera revolución del siglo XXI, la revolución del talento y la creatividad, la revolución del crecimiento: la revolución de nuestra esperanza. Rescatemos nuestro destino, demos fin a setenta años e iniciemos un nuevo siglo. Hagamos que la próxima generación diga con orgullo: "La grandeza de esta nación fue ganada por mujeres y hombres valientes, que conocían su deber y poseían un sentido de honor y responsabilidad. Al iniciar el siglo XXI lograron desterrar las sombras del pesimismo y la corrupción. Nos dieron una tierra donde podemos sonreir y respirar libertad, y desde entonces México escribe una historia de éxito".

ÍNDICE DE NOMBRES

Aguilar Zinser, Adolfo, 85, 188
Aguilar, Luz María, 44
Aguirre, Amado, 29
Aguirre, Ramón, 78, 79, 80, 92
Alanís, Ricardo, 86, 101
Alcántara, Juan Miguel, 87, 90
Alegría, Rosa Luz, 46
Álvarez, Luis H., 67, 91, 131
Amuchástegui, Ignacio, 27
Amuchástegui, Luis, 24
Andrade, Eduardo, 190
Aragabriel, Alonso (el Loco Alonso), 23
Aspe Armella, Pedro, 158

Barrio Terrazas, Francisco, 60, 61, 96, 100, 115, 168, 172, 188
Bartlett, Manuel, 61, 91
Bravo Mena, Luis Felipe, 180, 181, 188

Calderón, Felipe, 168, 177, 179
Calles, Plutarco Elías, 118
Camacho Solís, Manuel, 100
Canales Clariond, Fernando, 60

Cárdenas del Río, Lázaro, 119, 121, 128, 134
Cárdenas Solórzano, Cuauhtémoc, 62, 72, 85, 89, 93, 114, 124, 134, 180
Cárdenas, Alberto, 96, 100, 171, 172
Carranza, Venustiano, 120
Carrillo Flores, Alberto, 131
Castañeda, Jorge, 85, 188
Castillo Peraza, Carlos, 68, 91, 95, 180
Castro, Fidel, 142
Castro, Mar, 50
Chaurand, Carlos, 184
Clouthier, Manuel J., 13, 14, 57, 58, 59, 60, 62, 63, 64, 66, 67, 68, 72, 77, 87, 95, 218
Colosio Murrieta, Luis Donaldo, 182
Concha, Lillian de la, 44, 51, 52
Córdoba, Ángel, 30, 31
Correa Mena, Luis, 95
Creel, Santiago, 186

Durán, José Luis, 175

Echeverría Álvarez, Luis, 32, 40, 41, 42, 46, 47, 54, 66, 180
Ejército Popular Revolucionario (EPR), 198, 200
Ejército Zapatista de Liberación Nacional (EZLN), 200
Elizondo, Rodolfo, 60
Espinosa Iglesias, Manuel, 29
Espinosa, Amparo, 29

Fernández de Cevallos, Diego, 93, 94, 131, 180, 181, 190
Fox Pont, José Luis, 15
Fox, Ana, 16, 17
Fox, Ana Cristina, 51, 86

ÍNDICE DE NOMBRES

Fox, Martha, 16
Fox, Nelly, 29
Fox, Paulina, 51
Fox, Rodrigo, 51, 96
Fox Quesada, Cristóbal, 18, 25, 26, 27, 36, 51, 65
Fox Quesada, José, 18, 20, 21, 22, 23, 24, 25, 26, 27, 32, 66
Fuentes, Carlos, 85

Galindo, Ramón, 168
García, Amalia, 85
Gómez Morin, Juan Manuel, 13, 131, 188, 218
Gómez Villanueva, Augusto, 67, 72
Gómez, Pablo, 85
González Morfín, Efraín, 131
González, Felipe, 172
González, José Luis, 186
Gordillo, Elba Esther, 85
Gurría, José Ángel, 191, 196
Gutiérrez Barrios, Fernando, 85, 180

Hernández Galicia, Joaquín (la Quina), 73
Hernández, Roberto, 30, 190

Ibarra, Rosario, 72
Izaguirre, Fernando, 31

La Jornada (periódico), 131

Korrodi, Lino, 186

221

Krauze, Enrique, 187, 188

Labastida Ochoa, Francisco, 102, 144, 152, 182
León, Rosalinda, 29
Limón, Miguel, 96
López Mateos, Adolfo, 30
López Obrador, Andrés Manuel, 163, 180
López Portillo, José, 46, 59, 160
Lozano Gracia, Antonio, 94

Madero, Francisco I., 13
Madrazo Pintado, Roberto, 91
Madrazo, Soledad, 29, 30
Madrid Hurtado, Miguel de la, 54, 84, 86
Subcomandante Marcos, 198, 199
Martínez Urdal, Alfredo, 41
Martínez, Patricio, 168
Medina Plascencia, Carlos, 68, 80, 81, 83, 90, 96, 101, 102, 114, 115, 172, 188
Mendoza, José, 64
Micher, Malú, 92
Moctezuma, Esteban, 105
Le Monde (periódico), 75
Monreal, Ricardo, 172
Montiel, Arturo, 175
Muñoz Ledo, Porfirio, 11, 62, 68, 100

Navarrete Ruiz, Carlos, 163
Noyola, Ignacio, 172

Ochoa, Fernando, 23
Ochoa, Gerardo, 23
Oliva, Juan Manuel, 86
Ortega, Jesús, 85
Ortiz, Guillermo, 197
Osorio, Julio, 29, 44

Padilla, José de Jesús, 163
Partido Acción Nacional (PAN), 57, 58, 59, 60, 61, 62, 67, 69, 72, 73, 76,
    77, 78, 79, 84, 85, 86, 87, 88, 91, 92, 93, 94, 95, 96, 115, 127, 130, 131,
    146, 147, 168, 169, 170, 171, 172, 173, 177, 178, 179, 180, 181, 182,
    183, 184, 185, 186, 187, 188, 189, 190, 218
Partido de la Revolución Democrática (PRD), 69, 85, 87, 88, 92, 115, 127,
    146, 159, 163, 169, 172, 173, 181, 197
Partido de la Revolución Mexicana (PRM), 121
Partido Demócrata Mexicano (PDM), 87, 88
Partido Nacional Revolucionario (PNR), 121
Partido Revolucionario Institucional (PRI), 14, 62, 67, 68, 69, 72, 74, 79,
    80, 81, 83, 85, 88, 91, 92, 95, 121, 122, 126, 127, 131, 134, 140, 158, 164,
    168, 169, 171, 172, 173, 174, 175, 178, 182, 184, 187, 194, 197
Paz, Octavio, 85
Pérez, Alonso, 33
Pérez, Javier, 91

Quesada, Mercedes, 15, 58
Quesada, Vicente, 17

Reforma (periódico), 131
Romero Pérez, Humberto (el Chino Pérez), 30
Romero, José Luis, 101
Ruffo Appel, Ernesto, 60, 95, 100, 115, 171, 188

Ruiz, Samuel, 199
Ruiz, Tomás, 85

Sada, Rosario, 51
Salinas de Gortari, Carlos, 12, 68, 70, 71, 72, 73, 74, 75, 76, 79, 81, 85, 86, 149, 156, 158, 180, 198
Sánchez Anaya, Alfonso, 172
Scheifler, Xavier, 34, 35
Serra Puche, Jaime, 158
Sidaoui, José, 85
Suárez, Manuel, 30, 31, 32

Unión Campesina Democrática (UCD), 83
El Universal (periódico), 131

Vázquez Torres, Ignacio, 91, 92
Vera, Fernando, 20, 21, 31
Villa, Francisco, 16
Villegas, Elías, 86

Zapata, Emiliano, 119
Zedillo Ponce de León, Ernesto, 54, 63, 86, 94, 96, 101, 102, 135, 144, 149, 151, 152, 153, 156, 158, 171, 182, 190, 196, 198

A *Los Pinos*,
escrito por Vicente Fox,
abre de par en par las puertas
del misterioso contrapunto
que hay entre querer y poder.
La edición de esta obra fue compuesta
en fuente newbaskerville y formada en 12:14.
Fue impresa en este mes de septiembre de 2000
en los talleres de Grupo Sánchez Impresores, S.A. de C.V.,
que se localizan en la avenida de Los Valles 12,
colonia Atlanta, Cuautitlán Izcalli, Estado de México.
La encuadernación de los ejemplares se hizo
en los talleres de Dinámica de Acabado Editorial, S.A. de C.V.,
que se localizan en la calle de Centeno 4-B,
colonia Granjas Esmeralda, en la ciudad de México, D.F.